한국의 이튼스쿨을 꿈꾸는

하나고 이야기

북오션은 책에 관한 아이디어와 원고를 설레는 마음으로 기다리고 있습니다. 책으로 만들고 싶은 아이디어가 있으신 분은 이메일(bookrose@naver.com)로 간단한 개요와 취지, 연락처 등을 보내주세요. 머뭇거리지 말고 문을 두드리세요. 길이 열릴 것입니다.

한국의 이튼스쿨을 꿈꾸는 하나고 이야기

초판 1쇄 발행 | 2013년 10월 15일
초판 6쇄 발행 | 2014년 12월 15일

지은이 | 이진원
펴낸이 | 박영욱
펴낸곳 | 북오션

경영총괄 | 정희숙
편집 | 지태진
마케팅 | 최석진 · 김태훈
표지 디자인 | 서정희
본문 디자인 | 조진일

주 소 | 서울시 마포구 서교동 468-2번지
이메일 | bookrose@naver.com
트위터 | @Book_ocean
페이스북 | bookocean
전 화 | 편집문의 : 02-325-5352   영업문의 : 02-322-6709
팩 스 | 02-3143-3964

출판신고번호 | 제313-2007-000197호

ISBN 978-89-6799-023-7 (13370)

* 「이 도서의 국립중앙도서관 출판시도서목록(CIP)은 e-CIP홈페이지(http://www.nl.go.kr/ecip)
와 국가자료공동목록시스템(http://www.nl.go.kr/kolisnet)에서 이용하실 수 있습니다.
(CIP제어번호: CIP2013018175)」

한국의 이튼스쿨을 꿈꾸는

하나고
이야기

이진원 지음

북오션

참교육에 대한 열정을
다시 불 지피길 바라며

'공교육 정상화', '전인교육'은 우리 사회와 교육계가 갖고 있는 해묵은 과제다. 하지만 교육개혁이 수십 년간 공론화됐음에도 아직까지 이렇다 할 혁신 방안을 찾아보기 힘들었다. 오히려 반복되는 교육개혁 탓에 수시로 교육제도가 변해 수험생과 학부모들의 혼란만 가중시키고 있는 것이 오늘날 한국 교육의 현실이다.

다행히 한국 교육에 변화가 시작되고 있다. 2010년 개교한 자율형 사립고 하나고등학교가 한국에 없던 새로운 교육 모델을 갖고 실험에 나섰다. 그리고 지난 2013학년도 입시에서 서울대 등 주요 대학들이 하나고식 교육의 가치를 인정해 줌으로써, 교육 개혁의 돌파구가 마련됐다. 2013년 1기 졸업생을 배출한 신생고지만 짧은 기간 공교육계의 롤모델로 부상하며 세간의 관심을 집중시켰다.

국내 명문대학들도 우리 사회가 안고 있는 교육 현실의 문제점을 공감한바, 내신과 수능 점수로 나열해 높은 성적순으로 합격자를 발표하는 과거의 전형을 탈피하고 있다. 둥글둥글 원만한 성적을 가진 아이에 관심을 갖기보다는 한 방면으로 특출나거나 세계 무대까지 나아가는 미래의 전문가가 될 잠재성을 평가하고 있다. 이러한 대학의 입시 트렌드는 수시전형을 확대하는 방식으로 입증되고 있다.

'공교육도 할 수 있다'

지난 2008년 김승유 하나금융지주 회장이 하나고등학교 건립 의사를 밝혔을 때 반응은 엇갈렸다. 학교운영 방식이 파격에 가까웠기 때문이다. 문과와 이과의 구분을 없애고 학생들이 듣고 싶은 과목을 알아서 수강하게 했다. 또 하루에 두 시간씩은 체육과 음악·미술 중 하나씩 골라 총 두 가지의 비교과 활동을 의무적으로 수행하게 했다. 스파르타식 교육에 익숙한 학부모 사이에서 성공하지 못할 것이라는 이야기가 나왔다. 실제로 하나고 입학 후 학교에 대한 불신으로 전학을 결정하는 학생도 있었다.

그리고 2013년 하나고의 첫 졸업생들이 소위 SKY를 포함한 명문대에 대거 합격하면서 입시돌풍을 일으켰다. 하나고 1기 졸업생의 학부모는 "사교육 없이 아이를 대학에 보낼 수 있다는 게 현실에서 이뤄졌다"며 "아이가 학교에 있는 동안 늘 행복해했다. 하나고는 전인교육의 모범사례라 할 만하다"고 평가했다.

김승유 하나고 이사장은 2013년 2월 첫 졸업식에서 "명문대학에 몇 명의 학생을 보냈는지보다는 아이들에게 체력과 덕성을 함께 길러줬다는 게 중요하다"며 "하나고는 공교육도 할 수 있다는 점을 보여줬다"고 말했다.

공교육이 무너지고 사교육이 성행하는 현재, 한국의 교육 현실에서 새로운 교육 실험을 진행하고 있는 하나고의 시스템과 인재들을 조명해봤다. 하나고를 분석하는 데 가장 중요한 핵심은 하나고의 새로운 커리큘럼과 학제 안에서 학생들이 어떻게 적응하고 개인의 학습능력 발전으로 승화시키는가다.

하나고는 명문대 진학률이 높은 학교로만 설명할 수 없다. 하나고 졸업생은 일반 수재들과 다른 뭔가를 갖고 있다. 1인2기를 통한 스트레스 관리, 인성 발달, 교양까지 두루 갖춰 21세기 한국이 원하는 인재로 성장할 가능성이 높다.

이 책은 하나고에 입학하라고 설득하는 책이 아니다. 하나고의 이야기를 통해 한국의 교육 현실에 대해서 한 번 더 생각하고, 강제의 방법만이 아니라 능동의 방법으로도 충분히 아이들을 교육할 수 있다는 가슴 벅찬 공감을 하게 하기 위함이다.

저자는 교육 전문가가 아니다. 기자이기 때문에 하나고에 대한 책을 쓰기 위해 2013년 초부터 한 학기에 걸쳐 김승유 이사장, 김진성 교장, 정철화 교감, 교사 그리고 하나고 학생들을 심층 인터뷰했다. 그리고 학교의 구석구석을 돌아보고 각종 교내 행사에 참가해 취재했다. 더불어 학교 시스템을 파악하기 위해 하나고의 수많은 자료를 분석하고 정리했다.

저자는 하나고의 실험이 교육학적으로 어떤 의미가 있으며 지적 성장기의 고등학생에게 어떤 영향을 끼치는지 평가하기는 어렵다. 하지만 하나고의 교육개혁과 실험이 한국 교육계에 던지는 메시지나 가져올 파급력은 읽을 수 있다. 하나고의 새로운 시도가 '공교육 정상화', '전인 교육', '글로벌 리더 양성' 등 우리 교육계가 풀어야 할 과제에 실마리를 제공할 수 있다는 점을 믿어 의심치 않는다.

| 목차 |

PART 1

하나고
아이들

평범한 학생의 하나고 이야기

2013년 5월, 서울대학교 원자핵공학과 신입생 이윤서(19) 양은 대학에 와서 첫 중간고사를 마쳤다. 고교시절부터 수학 실력을 꽤 쌓아온 덕에 대학수학 등의 과목에서는 과에서 가장 좋은 점수를 받았다. 하지만 원자핵공학 전공 기초 과목의 중간고사 결과에 스스로 만족할 수 없었다. 대학에 와서도 고3때와 마찬가지로 열심히 공부했기 때문이다.

이 양은 고등학생 시절 내내 스스로 여러 가지 공부 방법을 시도하며 자신에게 최적화된 공부 노하우를 체득해왔다. 나름 자신감을 갖고 중간고사에 임했었다. 하지만 서울대 원자핵공학과에 다니는 전국에서 모인 수재들과 경쟁하려면, 그리고 이론을 넘어 응용력을 더 요구하는 대학 교육에 적응하려면 자신을 한 번 더 업그레이드해야 했다.

이 양은 대학에서의 새로운 도전 과제를 두고 '자신 있다'는 모습이다. 왜냐하면 그가 졸업한 하나고등학교에 처음 들어갔을 때도 비슷한 상황에서 보란 듯이 자기를 발전시켜 성취해낸 경험이 있기 때문이다.

"서울대에서 첫 중간고사를 보고 고1 때와 오버랩 됐어요. 그때도 처음에 안 좋은 성적을 받았지만 빠른 시간 안에 끌어 올린 경험이 있어요. 이번 시험을 보고 나니 내가 뭐가 부족했고 어떻게 해야 할지 알았어요. 대학의 첫 중간고사 성적에 …음… 지금은 좀 슬프지만 실력을 금방 쌓을 수 있어요. 다음 시험은 보란 듯이 좋은 평가를 받을 거예요."

공부에 대한 의지와 자신감이 놀라웠다. 입시 지옥에서 갓 탈출한 대학 신입생의 태도 치고는 나이답지 않은 호연지기浩然之氣다. '공부만큼은 지지 않는다'는 이 양의 자신감은 어디서 나오고 어떻게 만들어졌을까. 시간을 거꾸로 돌려 이 양이 지난 3년간이 보낸 하나고 학창 시절을 들여다보기로 했다.

줄넘기와 수학을 잘하는 아이

●   하나고에 입학하기 전 중학생 이 양은 또래의 아이들처럼 공부보다 노는 것을 좋아했다. 성적은 그래도 상위권이었지만 서울 대를 목표로 할 정도는 아니었다. 중학생이 되면서 여자 아이들이 그렇듯이 외모를 꾸미는 것에도 관심을 갖기 시작했고 친구들과 어울리는 것에 더 몰두하곤 했다. 논다고 해봤자 집과 가까운 올림픽 공원에서 친구들과 줄넘기 쌩쌩이를 누가 더 잘하나 가늠하는 정도 였지만 말이다. 중2 때 외모 꾸미기와 노는 것에 많은 시간을 보내 다 보니 역시나 성적이 많이 떨어졌다. 반에서 7등 정도였다. 이 양 의 어머니는 이런 이 양을 불안한 눈으로 꾸짖기도 했다. 하지만 누 구나 알듯이, 부모의 잔소리만으로 다시 성적을 올리는 것은 당연 히 불가능했다.

이 양은 이제까지 학원에 특별히 다니지 않았다. 선행학습도 해본 적이 없다. 하지만 성적이 떨어지는 이 양이 걱정스러웠던 어머니는 사교육의 힘을 빌려야겠다고 결심했다. 그래서 이 양이 중3으로 올라가기 전 겨울방학부터 수학, 과학, 영어 학원에 다니기 시작했다. 원래부터 수학에 소질이 있던 이 양은 학원에서 수학 문제를 많이 풀어보는 훈련을 하면서 사소한 실수로 틀리는 경우를 많이 줄여나갔다. 중3 정도 되면 수학에서 헤매는 아이들이 많은데 이 양은 수학 점수에는 자신이 있었다. 반면 영어는 이 양의 아킬레스건이었다.

"영어는 학원에 가도 흥미를 갖기 힘들었어요. 단어와 문법을 외우는 것은 기계적이고 일방적이어서 재미없었죠. 수학은 학원에 간 게 좀 도움 됐지만 영어 학원은 정말 가기 싫었어요. 지루할 뿐이었죠."

그래도 학원을 다니며 수학 성적을 더 높인 덕분에 이 양은 중3 들어 치른 첫 시험에서 반 1등을 거머줬다. 내신이 좋게 나오자 이 양의 어머니는 특목고 진학을 고려했다. 하지만 과학고, 외국어고 등 특목고의 벽이 높다는 것은 잘 알고 있었다. 그래서 차선책으로 자율형 사립고를 염두하고 전주의 명문 자사고 '상산고' 진학을 이 양에게 제안했다. 그러나 이 양은 지금 친구들과 멀리 떨어지고 싶지 않다며 어머니의 뜻에 따르지 않았다.

"하나고는 나에게 잘 맞을 것 같아요."

● 　　　2009년 서울 은평구 뉴타운에는 국내 금융권에서는 처음으로 하나금융그룹이 직접 학교법인을 설립한 자립형 사립고인 하나고가 한창 공사 중이었다. 민족사관고, 포항제철고, 광양제철고 등에 이어 전국에서 일곱 번째로 세워지는 자사고였다.

2010년 3월 개교를 앞두고 하나고는 우수 인재들을 유치하기 위해 전국의 중학교를 대상으로 홍보에 한창이었고 주요 도시에서 하나고 입시설명회를 열었다. 이 양의 어머니는 새로운 교육을 지향하는 하나고를 주목하고 입시설명회를 찾았다. 그리고 이 양에게 조심스럽게 하나고에 지원해보는 것이 어떻겠냐고 제안했다. 하나고는 일반고와 달리 커리큘럼이 딱 짜여 있지 않고 원하는 수업을 골라 들을 수 있다는 특징이 중3 학생과 학부형 사이에 회자되고

있었다. 이 양은 일단 수업 방식이 꽤 맘에 들었다.

"저는 개인주의 성향이 강해요. 혼자 생각하고 혼자 행동하는 것을 좋
아해요. 스스로 하고 싶은 것을 해야 직성이 풀려요. 하나고가 말하는 자
율성이 저는 마음에 들었고 나에게 잘 맞을 것 같았어요."

그리고 이 양은 본격적으로 하나고 지원을 위한 준비에 들어갔
다. 자기소개서를 써야 했는데 가장 중요한 것은 당연히 장래 희망
이었다. 그동안 이 양은 진지하게 꿈이 뭔지 고민해 보질 않았었

다. TV를 보며 변호사가 나오면 변호사가 꿈이었다가 친척인 한의사를 만나 이야기를 듣고서는 한의사로 꿈이 바뀌는 등 왔다 갔다 했다.

결국 자기소개서에는 미래의 직업을 한의사로 적었지만, 진지한 고민이나 준비 끝에 나온 것이 아니었기 때문에 제대로 입학사정관에게 어필할 수 없었다. 단지 '가까운 친척이 한의사여서 많이 보고 들었고 인상적인 직업'이라며 '한의사가 돼 어려운 사람들을 돕고 싶다'는 상투적이고 극히 중3다운 내용을 자기소개서에 적어 냈다.

그 외의 내용에서도 그동안의 관심사가 하나로 통일되지 않았다. 학급 회장을 지낸 것, 환경과 관련된 봉사 활동, 좋아하는 책은 역사서 '초한지', 중국어 공부 조금 등 중구난방의 지원서를 제출했다.

치열했던 하나고 입학 전형

●   하나고의 첫 번째 입학생 모집은 경쟁률이 7:1로 치열했다. 다행히 이 양은 서류 전형을 통과해 구술시험과 면접의 기회를 얻었다. 이윽고 구술시험일이 다가왔고 그룹별로 문제지를 받았다. 경제와 역사 중 하나를 골라 2분 동안 주어진 논제에 대해 주장과 근거를 제시하는 시험이었다. 이 양은 평소 사회과목을 좋아했고 특히 경제 원리들을 이해하는 게 어렵지 않았다. 수요, 공급에 따른 균형가격의 변화, 대체재, 보완재 등 중3 때 배운 경제 기초 개념에 자신이 있었다. 그래서 경제를 선택하고 나름 주어진 논제에 그럴싸하게 답했다. 면접관들의 표정을 살피니 그런대로 잘해낸 것 같았다.

그리고 이어진 면접. 자기소개서에 써낸 내용에 대해 구체적으로 하나씩 물었다. 봉사 활동에서 무엇을 배웠는지, 중국어를 공부했는데 중국어로 자기소개를 해보라는 등이었다. 느끼기에 자기소개서의 내용을 확인하는 수준이었다.

입학 전형은 1박 2일에 걸쳐 이뤄졌다. 다음 날 단체 면접이 있었다. 6명이 한 조가 돼 주어진 주제에 대해 토론해야 했다. 이날 토론 주제로 주어진 것은 '조류 인플루엔자가 창궐했는데 군인, 의사 중 누가 먼저 예방 접종을 받아야 하는가'였다. 각자는 군인과 의사 중 한쪽을 선택해 왜 먼저 접종을 받아야 하는지 설명하고 서로의 의견을 반박해야 했다.

이 양은 의사를 선택해 "백신 공급에 한계가 있는 상황에서 만일 조류 인플루엔자의 전염이 확대됐을 때를 대비해 더 많은 사람의 생명을 구하기 위해 의사가 중요하다"고 주장했다. 이렇다 싶은 내용은 없었지만 다른 지원자들에 비해서는 조목조목 논리정연하게 이야기를 풀었고 터무니없는 반박에도 잘 대응했다. 토론은 교사가 중재하는 가운데 진행됐고 면접관들은 주장의 논리성, 의견 개진 태도 등을 평가해 나갔다.

이 양은 구술시험, 면접, 집단 토론은 그런대로 잘 봤다고 생각했다. 하지만 전국에서 모인 성적 상위권의 경쟁자들, 그리고 중구난방이었던 자소서가 마음에 걸려 합격을 확신할 수는 없었다.

생애 처음 맛 본 성취감

떨리는 마음으로 합격자 확인에 나섰다. 새벽 2시경이었다. 이윽고 '합격'이란 사실을 알았을 때 이 양은 아버지와 얼싸안고 울었다. 이제까지 느껴보지 못했던 아주 큰 성취감이었다. 하나고 입학 전형이 치열했고 쉽지 않았던 만큼 승전보의 기쁨은 어느 것과 견줄 수 없이 컸다.

"미래에 대해 어느 정도의 확신이 생긴 느낌이랄까요."

합격자들에게는 과제가 주어졌다. 입학 전까지 주어진 필독 도서를 읽고 독후감을 써 가는 것이었다. 2010년 2월 하나고의 첫 입학생 200명이 한자리에 모였다. 이 양은 병영체험과 오리엔테이션을 통해 전국에서 모인 다른 입학생들과 쉽게 친해질 수 있었다. 다른 친구들도 자신과 마찬가지로 '7:1의 경쟁률을 뚫은 첫 하나고 입학생'이라는 자긍심과 성취감에 도취돼 있는 듯 보였다. 첫 입학생을 맞은 담임 교사들은 친절했고 반별 장기자랑 등의 행사가 이어져 마냥 즐겁고 더할 나위 없이 재미있는 자리였다.

이러한 분위기는 입학 후에도 이어졌다. 특히 하나고의 특징인 1인2기 수업을 통해 매일 음악, 체육, 미술을 배울 수 있어 학생들은 자신이 평소 하고 싶었던 예체능을 즐겼다. 이 양도 배드민턴과 드럼을 선택해 배우기 시작했다. 웬만한 대학 같은 학교 시설은 모두 새로 지어져 깨끗했다. 아직 공사 중인 곳도 일부 있었지만 학생들은 넓은 학교에서 여기저기 무리를 지어 캠퍼스의 낭만도 즐겼다. 새로운 개념의 하나고 커리큘럼은 아직 초기여서 약간 미완된 부분이 있었지만 큰 문제는 없었다. 학생들은 3끼 식사와 저녁 간식이 제공되는 기숙사 생활도 마냥 즐거웠다. 이렇게 봄날은 가고 있었다.

충격과 공포

● 　　4월 말이 돼 중간고사를 치렀다. 전국 상위 5%안팎 성적의 아이들이 모였고 다들 어느 정도 공부에는 자신감이 있었다. 시험을 치르는 중에도 긴장감은 특별히 없었다. 이 양은 입학 전 치렀던 분반 시험에서 예상치 않게 입학생 중 상위권이어서 '이 정도하면 되겠구나'란 자만에 빠지기도 했다.

그러나 중간고사 결과가 발표되자 거의 모든 학생들은 '충격과 공포'에 휩싸였다. 여자 아이들은 모두 울음을 터뜨려 학교가 울음바다가 됐다. 이 양에게도 '충격과 공포'는 빗겨 가지 않았다. 중간고사 성적을 받아보니 가관이었다. 과학은 100점 만점에 50점을 받았다. 이제까지 받아보지 못한 점수였다. 설상가상으로 그렇게 자신 있었던 수학도 70점을 받아 내신 4등급으로 판정됐다. 공부를 안한 것도 아니었다. 중간고사 전에 기본 이상으로 공부를 꽤 열심히 했다고 생각했기에 결과가 더욱 비참했다. 의외로 자신 없었던 영어와 국어는 점수가 나쁘지 않았다. 이 과목들은 공부한 양만큼 정직하게 성적이 나와 줬다.

여기저기서 낙담하는 친구들이 많았지만 이 양은 자신을 빨리 추스르고 원인 분석에 나섰다. 나쁜 성적을 이해할 수 없었기 때문이었다.

효과적인 나만의 공부 방법,
궁리 또 궁리

● 　　　웬만큼 공부를 하는 아이들은 공부 계획을 짠다. '오늘은 어떤 과목에 시간을 배분해 어디까지 마쳐야겠다', '상대적으로 이 과목 성적이 약하니 다음 시험까지 이 과목에 집중해야겠다' 등 1주일, 1달 그리고 다음 시험까지의 공부 스케줄을 짠다.

이 양은 이런 식으로 공부 계획을 짜지는 않았다. 전 과목을 똑같은 시간을 균등하게 배분해 매일 공부했다. 1주일 단위로 전 과목 진도를 균등하게 진행하고, 남는 3~4일은 복습만 했다.

"저는 복습을 반복하는 것이 중요하다고 생각해요. 공부한 내용을 완전히 제 걸로 만들고 싶어서죠. 전 과목을 대상으로 공부한 것을 까먹지 않을 때까지 여러 번 복습해요."

여러 가지 공부 방법을 시도해 본 끝에 가장 자신에게 적합한 학습 방법을 찾았다. 과목의 성격에 따라 공부 방법을 어떻게 개선할 수 있을지 궁리 또 궁리했다.

우선 성적이 안 좋았던 과학 과목을 수술대에 올려놓고 해부해보기 시작했다. 그 결과 과학 과목은 이론이 반, 응용력이 반을 구성한다는 결론을 얻었다. 물리, 화학, 생물 문제를 풀면서 '어떤 이론이 요구됐는지', '주어진 문제에 이론을 어떻게 적용하는지', '이런 문제를 풀 때 어떤 함정을 조심해야 하는지' 등 아주 기본적인 내용부터 풀면서 드는 모든 생각들을 문제 옆 공란에 빽빽이 적어놓았다. 문제를 풀고 답을 맞춰 보는 데서 끝내는 것이 아니었다. 학생들이 일반적인 공부 방법으로 이용하는 오답 노트와는 달랐다. 답이 맞건 안 맞건 모든 문제 옆에는 노트를 정리해 놓았다. 그리고 반복해서 복습하면서 자신이 정리해 놓은 문제풀이법을 숙달했다.

수학은 문제를 푸는 양이 많으면 많을수록 좋다고 생각했다. 교과서와 수업을 통해 이론은 충분히 이해했지만 다양한 사례에 적용해보지 않으면 시험 볼 때 응용력을 발휘할 수 없기 때문이다. 그래서 수학은 닥치는 대로 문제를 풀고 또 풀었다. 하루 200문제씩 풀어보기도 했다. 더 이상 풀 문제가 없으면 선생님에게 찾아가 더 어려운 문제, 더 많은 문제를 달라고 떼를 썼다.

"시험지를 받아봤을 때 어디서 본 건데⋯ 어떻게 풀지 생각할 시간이 없어요. 문제를 많이 풀다 보면 유형이 익숙해지고 문제를 보자마자 푸는 전개도가 바로 떠오를 정도로 공부해야 한다고 생각했어요.”

1학년 1학기 중간고사 이후 이렇게 저렇게 스스로 학습법을 찾다 보니 어느새 1학년을 마칠 때가 됐다. 1학년 동안 성적은 조금씩 나아지기는 했지만 이렇다 하게 확 오르지는 않았다. 이 양만큼이나 다른 학생들도 열심히 공부하고 있기 때문이었다. 이 양이 일반고에 진학했다면 비슷하게 열심히 공부했겠지만 공부에 대한 동기 부여나 자극은 하나고에서만큼은 없었을 것이다. 그러던 중 이 양이 2학년이 되자 그동안 궁리하고 연마한 공부법들이 빛을 발하기 시작했다.

더욱더 고급 과정으로 몰입하다

● 　　　이 양은 1학년 내내 어마어마한 양의 문제를 풀어냈다. 실은 1학년 동안 수능 준비에만 몰두한 것이다. 첫 중간고사의 충격 이후로 이 양에게 공부 외에는 아무것도 관심에 들어오지 않았다. 하나고의 시스템상 전교생이 기숙사 생활을 하므로 밤늦게까지 다른 것에 신경 안 쓰고 공부에만 집중할 수 있는 좋은 환경이었다.

　하나고의 커리큘럼은 시간표가 딱 정해져 나오는 일반고와는 다르다. 대학처럼 본인의 수준과 적성에 맞게 수강 신청을 해서 들을 수 있다. 때문에 한 반의 학생이라도 듣는 수업이 모두 각자 달라 등수대로 나열하기가 쉽지 않다. 그래도 평균 점수를 낸 석차가 있는데 이 양은 1학년 때 한 반 25명 중 10~15등 하다가 2학년 1학기

9등으로 오른 후 2학기부터 1등을 거머쥤다. 그리고 3학년이 돼서도 1등을 거의 놓치지 않았다.

이 양은 1학년 동안 수없이 많은 문제를 풀어봄으로써 기계적으로 푸는 연습을 마쳤다. 일반고 학생들의 수능 준비와 별 다를 것이 없었다. 다만 1학년 한 해 동안 집중해서 수능 준비를 어느 정도 다 끝냈다는 것이 차이점이었다.

그리고 2학년이 되고 나서야 하나고의 독특한 커리큘럼을 십분 활용하기 시작했다. 고급 화학 등 이미 고교 정규과정을 넘어선 대학 수준의 수업에 관심이 갔고 도전했다. 물리, 화학, 생물 등의 과목에서 더욱더 고급 과정에 끌렸다. 한편 한국의 근현대사도 이 양이 좋아하는 과목이었다.

이제는 단순히 수능을 보기 위해, 대학을 가기 위해, 수업을 듣는 것이 아니었다. 그동안 공부에 몰두하면서 자기도 모르게 커져버린 지적 욕구를 채우기 위해 수업을 듣는 단계가 된 것이다. 그래서 '알고 싶은 것', '흥미가 가는 학문', '그 다음 단계에 도전' 등의 이유에 따라 수업을 골라 듣게 됐다. 일반 고등교과과정에는 없는 과목을 개설할 수 있고, 학생이 필요에 따라 선택해 듣는 하나고의 커리큘럼은 이 양에게는 더할 나위 없이 큰 지적 만족감을 줬다.

진로를 스스로 찾다

● 　　　하나고에 모인 학생들은 어느 정도 자신의 진로에 대한
계획이 뚜렷했다. 그도 그럴 것이 하나고 입학 전형의 핵심은 자신
의 꿈이 명확하고 그 꿈을 위해 여러 가지 노력과 성과가 입증된 아
이들을 뽑는 것이기 때문이다. 이에 반해 이 양은 단지 여러 잠재
성을 갖고 있었고, 하나고에 와서는 과학, 수학에 심취했을 뿐 꿈
에 대해서는 진지한 고민이 없었다.

"과학, 수학에서 이론을 이렇게 저렇게 응용하고 궁리하는 것이 그냥
재미있었어요. 영어는 저에겐 재미없고… 영어를 원어민처럼 잘하는 아
이들도 너무 많잖아요. 당연히 저는 대학갈 때 이공계로 가야겠다고 생
각할 뿐이었어요."

그러던 이 양의 진로와 관련한 생각에 강한 임팩트를 가한 계기가 있었다. 학교에서 정기적으로 갖는 명사 강연이었다. 한국공학한림원 소속 이공계 차세대 리더들의 강연은 이 양에게 강렬한 자극이었다. 박사 과정을 밟으며 순수과학 연구에 열정을 바치는 이야기를 들었을 때 이 양은 속으로 '바로 이거야'를 외치며 그동안 진로에 대해 고민했던 문제의 해답을 찾을 수 있었다.

　이 양의 꿈이 어느덧 뜬구름 잡는 식으로 말했던 한의사에서 점점 구체화되는 순간이었다. 실제 공대로 가야겠다고 결심은 했지만 공대 중에서도 전자, 기계 쪽에는 관심이 쏠리지 않았다. 의대에 가는 것도 고려해 봤지만 자신의 적성과 맞지 않다는 것을 알았다. 선생님도 역시 진로 상담할 때 시스템에 따라가기보다는 뭐든 주도적으로 해야 직성이 풀리는 이 양의 성격을 고려해 의대는 맞지 않는 것 같다고 조언했다.

　결국, 이 양은 자신 있는 수학, 과학을 기반으로 한 연구 작업에 뜻이 있었고, 한림원 박사들의 이야기는 이 양에게 확신을 갖게 했다. 그리고 여러 순수과학 중 원자핵공학의 분자 구조 등을 유추해 가는 과정이 이 양을 매료시켰다. 이렇게 3학년 1학기에 이 양의 진로 고민은 어느 정도 마무리되고 뚜렷한 목표를 갖게 됐다.

서울대 우선선발 과정에 도전

●   이 양은 자신의 꿈을 정했고 이제까지 많은 준비를 해온 만큼 이제 대학 진학에 박차를 가했다. 이 양은 진학 담당 교사와 논의 끝에 서울대 '우선선발' 과정에 지원하기로 했다. 서울대는 입시에서 서류만으로 최종합격 처리하는 이른바 '우선선발' 인원의 비중을 확대해가고 있었다. 수시 일반전형 1단계 합격자 가운데 일부를 우선선발로 분류한 후, 나머지 전형을 치르지 않고 최종합격 처리하는 '특혜'를 베푼다.

이 양이 서울대 입시에서 어필할 수 있는 가장 큰 강점이 '자기주도학습'이었다. 이 양은 자기소개서에 스스로 무엇이 부족하고 어떻게 보완할지 생각해 개선했는지를 자세하게 설명했다. 당연히 고교 3년 동안 어떻게 성적을 향상시켜왔는지 성과 중심으로 어필했다. 이 양이 자기소개서에 담은 강력한 메시지는 고교 3년 동안의 자기주도학습 과정을 근거로 '학문적으로 스스로 발전할 수 있는 능력을 가졌다'는 주장이었다. 더불어 높은 수준의 수학, 과학 실력을 갖고 있고 한국사능력시험 합격 등 다른 학문의 교양도 겸비하고 있다는 점을 차분히 적어 나갔다.

서울대 입시를 위한 자기소개서 양식에는 마지막 부분에 활동 내역을 적는 부분이 있다. 이 양은 내신과 성적 외에 하나고의 시스템 안에서 했던 많은 활동들로 빼곡히 채울 수 있었다. 이 양은 하나고 동아리 '공부의 신'에서 활동했다. '공부의 신'은 학교 주변 지역에서 형편이 어려운 학생들에게 공부를 가르쳐 주는 봉사 동아리였다. 1주일에 한 번씩 2~3시간을 할애해 하나고 인근 지역의 초등학생, 중학생들을 가르쳤고, 이들을 위해 이 양은 교재까지도 스스로 만들었다. 공부의 신에 가입하게 된 동기, 자신이 가진 능력으로 다른 이를 도우며 느낀 점 등을 자소서에 서술했다.

그리고 하나고에서 의무적으로 해야 했던 '1인2기'도 이 양의 고교 3년 생활을 풍요롭게 해 준 큰 영역이었다. 이 양은 1학년 때 드럼을 선택했다. 그러다 1학년 2학기 때 더 역동적인 사

1인2기에 불만을 가졌지만 어느새 자신도 모르게 사물놀이에 빠져들었다.

물놀이로 바꾸고 빠져들었다. 이 양은 입학 초기에 1인2기에 대한 불만이 있었다고 털어놨다. 공부할 시간도 모자란데 1인2기 예체능에 매주 시간을 할애해야 했고 한 학기마다 있는 발표회를 위해 준비를 해야 하는데, 왜 해야 하는지 이해가 되질 않았다.

하지만 사물놀이에 빠져들수록 1인2기가 주는 의미를 잘 이해하게 됐다. 공부에 집중한 후 그 스트레스를 사물놀이를 통해 발산했고 친구들과 땀을 흘리며 북을 두드리고 나면 희열뿐 아니라 강한 유대감이 생겼다. 학내 발표회와 외부 공연을 하고 나면 큰 성취감도 느낄 수 있었다. 그래서 정해진 1인2기 시간 외에 간식시간을 쪼개 연습하고, 늘 잠이 부족했지만 주말 아침에도 일찍 일어나 사물놀이를 함으로써 자신의 컨디션을 끌어올렸다.

자소서에서 이 양을 돋보이게 해준 또 하나가 '과제 연구'였다. 하나고 학생들은 한 학기에 걸쳐 자신이 정한 주제에 대해 프로젝트를 진행하고 소논문을 제출해야 한다. 이 양은 친구들과 팀을 이뤄 고민 끝에 수원화성의 비밀을 파헤치는 프로젝트를 진행했다. 세계문화유산인 수원화성을 축조할 때 사용됐던 거중기, 유형거의 구조적, 기능적 효율성을 밝히고자 했다. 문헌들을 조사하고 수원화성을 답사하고 정약용이 고안한 수레의 모형을 직접 만들어 실험도 했다. 이 양은 과제연구를 진행할수록 더 깊이 더 많이 연구해 보고 싶은 마음이 커져 갔으나 고등학생 수준으로는 한계가 많아 답답한 점도 있었다고 털어놨다. 아무튼 그동안 수원화성에 대해 기획하고 연구했던 과정을 논문으로 쓰기 위해 정리해 가는 과정은 이제까지 했던 어느 공부와도 다른 학습 방법이었다. 이 양은 글쓰기와 관련해서는 1학년 때부터 하나고의 많은 수업에 글쓰기가 포함된 덕분에 충분히 훈련돼 있었다. 이 양은 1학년 때 한림원에서 주최한 과학논술대회에서 동상을 받은 경력도 있었다.

"우리가 한 연구가 실제 수준은 많이 낮았겠지만, 스스로 궁리하고 궁금한 것을 하나씩 찾아 보면서 해소해 나가는 과정을 맛볼 수 있는 좋은 경험이었어요. 어떤 연구든지 이런 식으로 진행된다는 것을 배웠죠. 단지 대학을 졸업하고 대기업에 취업해 정해진 일을 하기보다는 이런 과제 연구를 통해 스스로 프로젝트를 기획하고 연구하는 연구원이 되고 싶다는 바람이 커졌어요."

이 양의 자기소개서는 크게 ▶자기주도학습 ▶공부의 신 봉사활동 ▶사물놀이 ▶수원화성 연구 프로젝트로 콘텐츠가 구성됐다. 담임교사는 서울대 전형을 앞두고 이 양의 자기소개서를 꼼꼼히 함께 읽으며 다듬어줬다. 표현이 어색한 부분을 고치고 쓰인 단어가 무엇을 의미하는지 구체화해줬다. 그리고 이 양의 학습능력과 활동에 대해 대학에서 요구하는 바가 무엇인지를 짚으며 보충했다. 이 양의 자소서는 점점 간결해지고 전체적으로 맥락이 유기적으로 형성되면서 발전돼 나갔다.

결국, 이 양은 콘텐츠가 풍부한 자기소개서만으로 면접도 없이 지원했던 서울대 원자핵공학과의 합격이라는 쾌거를 이뤄냈다.

"중학교 때까지는 공부 외에도 남는 시간이 많았어요. 하지만 하나고에 와서는 공부뿐 아니라 1인2기, 동아리 활동, 과제 연구 등을 하느라 눈코 뜰 새 없이 바빴어요. 덕분에 3년 동안 이뤄낸 게 참 많았다고 생각해요. 그리고 무엇을 하든 스스로 계획을 체계적으로 짜고 진행하는 법을 습득했다고 봐요."

이 양은 서울대에 입학하고 다음 레벨의 도전을 마주하고 있다. 원자핵공학을 전공하면서 박사까지 밟은 후 국제원자력기구IAEA까지 진출하는 목표를 세웠다. 그 과정이 물론 쉽지 않고 수많은 수순을 밟아야 하지만 고교과정 동안 닦은 학습능력, 기획력, 문제해결능력, 서술능력 등이 충분한 토양이 될 것이란 것을 믿고 있다. 때문에 자신감은 충만하다.

"공부에 대한 부담은 누구나 있고 성적이 잘 안 나올 때 좌절하는 것은 모두 똑같아요. 하지만 저는 시간 안배만 잘하고 강한 의지만 있으면 무엇이든 넘어설 수 있다고 생각해요. 모든 게 어려운 과정이고 때로는 확신도 없지만, 용기를 끝까지 잃지 않고 계속 부딪치면 공부와의 싸움에서 승자가 될 수 있어요."

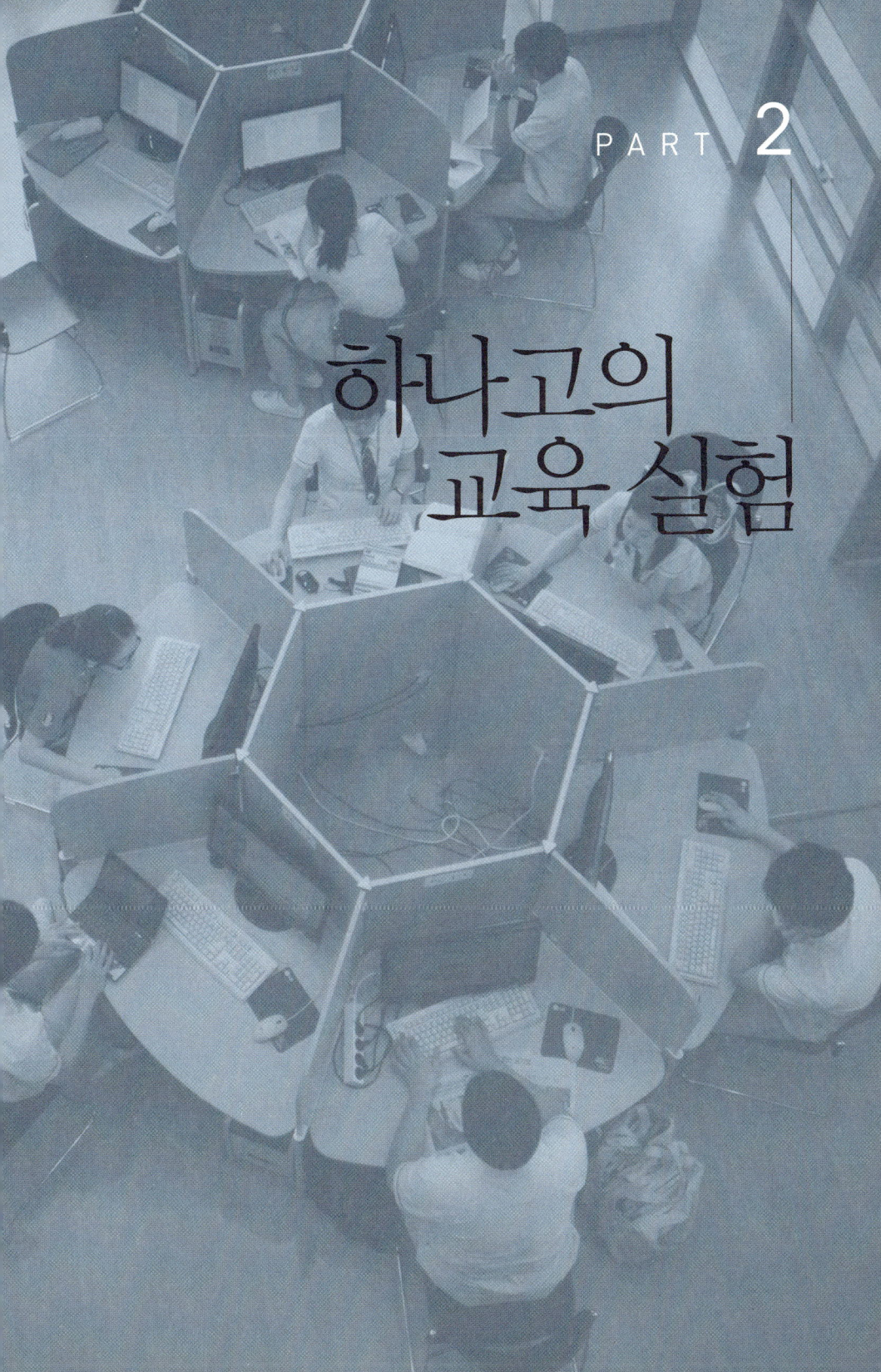

PART 2

하나고의
교육 실험

하나고발 입시 돌풍

2013학년도 대학 정시모집이 시작되기도 전인 2012년 12월, 이미 하나고 3학년 200명 중 절반이 소위 SKY(서울대·고려대·연세대)에 합격했다. 2010년 하나금융그룹이 한국의 이튼스쿨을 표방하며 설립한 하나고는 첫 졸업생을 배출하는 입시 성과에서 국내 최고 명문고로 꼽히는 민족사관고, 대일외고 등을 단숨에 뛰어넘었다. 당연히 학부모들 사이에 큰 관심을 불러일으켰다.

하나고에서 발표한 2013학년도 입시결과에 따르면, 하나고의 2013학년도 총 수험생 196명 중 140명이 대학에 진학했다. 중복합격을 포함하면 총 합격건수는 220건에 달한다. 이 중 서울대 합격자는 46명, 고려대 42명, 연세대 19명, 즉 SKY에 합격한 하나고 학생은 총 107명이다. 그 외에 카이스트(20)·포스텍(3), 성균관대(15), 서강대(17), 이화여대(12), 경찰대(1), 사관학교(3) 등 국내 명문대에 골고루 합격했다. 국내 대학 외에도 영국 옥스퍼드, 캠브리지, 미국 시카고대, 미시간대, 캘리포니아공대, 홍콩과기대 등 해외 명문대에도 19명이 합격했다.[1]

한 학년이 약 200명이니 졸업생 대부분이 국내외 상위권 대학에 합격한 셈이다. 2010년 3월 개교한 하나고의 선전은 어느 정도 예상됐으나 막상 뚜껑을 열어본 입시 결과는 기대치를 훨씬 웃돈다.

하나고의 교육실험을 기존의 입시위주교육의 통속적인 기준인 '서울대 합격자수'에 끼어 맞추기에는 적절치 않다. 하지만 아직 사회적으로 서울대를 많이 보내는 고등학교가 명문고라는 인식이 지속되고 있고, 하나고 측에서도 입시 결과가 확보돼야 자신들의 교육 실험이 일말의 성공에 다가갈 수 있다는 현실을 잘 알고 있다. 전인교육이라는 이상적 교육을 추구하면서도 주목할 만한 입시 결과가 없다면, 더 이상 우수 인재 확보가 힘들어지기 때문이다.

〈표1〉 **2013년도 고교별 서울대 합격자수**

순위	학교명	최종합격자수	정시	수시	학교유형	2012 순위(합격자수)
1	서울과학고	86	0	86	과학영재	1(93)
2	서울예고	79	0	79	예고	2(83)
3	대원외고	78	39	39	외고	3(75)
4	경기과학고	62	0	62	과학영재	–
5	상산고	47	23	24	자사고(전국)	6(47)
6	용인외고	46	20	26	외고	4(57)
6	하나고	46	2	44	자사고(전국)	–
8	민사고	42	2	40	자사고(전국)	9(36)
8	세종과고	42	2	40	과고	8(38)
10	대일외고	40	9	31	외고	17(26)
11	한성과고	39	0	39	과고	5(50)
12	한국영재	37	0	37	과학영재	12(33)
13	명덕외고	35	18	17	외고	10(35)
14	선화예고	34	0	34	예고	18(24)

15	휘문고	31	22	9	일반고(강남)	18(24)
16	안산동산고	30	5	25	자사고(광역)	13(32)
16	현대청운고	30	12	18	자사고(전국)	16(27)
18	포철고	29	3	26	자사고(전국)	15(30)
19	국립국악고	26	0	26	예고	18(24)
20	경남과고	24	0	24	과고	22(23)
21	한일고	21	6	15	일반고(자율)	7(39)
22	고양외고	20	7	13	외고	14(31)
22	한영외고	20	5	15	외고	11(34)
24	경기북과고	19	0	19	과고	–
25	인천과고	18	0	18	과고	42(13)
26	공주사대부고	17	4	13	일반고(자율)	30(16)
26	단대부고	17	12	5	일반고(강남)	26(19)
26	부산과고	17	0	17	과고	32(15)
29	중산고	16	11	5	일반고(강남)	28(18)
30	숙명여고	15	9	6	일반고(강남)	25(20)
30	영동고	15	10	5	일반고(강남)	49(12)
30	중동고	15	8	7	자사고(광역)	24(21)

* 정시는 최초합격자 기준, 수시는 추가합격자 포함. 학교유형은 2013년 졸업생 입학 당시
자료:베리타스 알파

1 각 대학 합격자 수는 중복 합격을 포함한 합격건수로, 주요 대학 합격자 중 일부는 진학하지 않고 재수를
  선택해 대학 진학자수와 차이가 있음.

서울대 합격생을 배출한 고교는 2013년 입시에서 912개교다. 서울대가 지역균형선발을 통해 농어촌 지역에서 합격자를 늘리면서 전년보다 6개교가 늘었다. 그리고 서울대 입학자수 톱 100은 합격자 6명을 확보한 고교로 끊겼다.

　　〈표1〉를 꼼꼼히 살펴보면 다음과 같은 몇 가지 입시 트렌드를 읽어낼 수 있다. 가장 괄목할 만한 변화는 수시전형이 대세라는 점이다. 내신과 수능 중심의 정시 합격자는 서울대 합격자 중 그 비중이 적다는 것을 알 수 있다. 정시에 강했던 학교는 차후 서울대 입시에서 약세를 면치 못할 가능성이 매우 높다. 상위 30위까지 차지하고 있는 고교들은 과학고, 자사고, 외고가 그룹을 형성하고 있고 일반고 중에서는 강남의 학교가 일부 차지하고 있다. 애초부터 인재들이 모인 까닭에 서울대 합격자 수가 많다. 그리고 자사고들은 각자의 특성을 십분 살려 서울대 수시전형에 졸업생들을 안착시켰다.

　　그래서 정시에서는 합격자수가 별로 나오지 않았지만, 수시에서 대거 합격자를 배출한 고교에 주목할 필요가 있다. 그 선두에 하나고가 있고 대일외고, 안산 동산고, 포철고, 숭덕고 등이 따르고 있다(예고, 과학고 예외).

　　하나고는 첫 입시 결과에서 서울대 합격자수 6위에 안착했다. 비슷한 순위의 상산고, 용인외고의 한 학년 정원이 각각 360명, 350명인 점을 감

안하면 200명 정원의 하나고의 성과가 더욱 빛을 발한다. 더군다나 하나고는 올해 첫 졸업생을 배출했으므로 재수생이 포함되지 않았다.

하나고의 이런 성공은 고교 3년 동안 사교육을 받지 못하도록 방학 중에도 기숙사를 개방하여 학교 자체 프로그램을 운영하는 등 학교 수업만 고수한 끝에 얻은 성과라는 점에서 더욱 돋보인다. 그러나 단순히 하나고가 대학 진학 결과만 우수한 명문고였다면 이렇게 주목하지 않았을 것이다. 학습능력은 물론 예·체능 교양과 인성을 겸비한 한국의 미래형 인재를 양성하고 있다는 점에서 하나고의 성공이 의미하는 바는 크다.

하나고에는 문과, 이과도 없고 학년도 없다. 수능과 전혀 관련 없는 과목도 많다. 시험에는 감독이 없다. 전국의 수재들이 모인 까닭에 다른 특목고와 마찬가지로 내신이 좋을 리 없다. 그리고 매일 체육, 음악, 미술에 1시간 반씩 투자하고 주말이면 봉사활동, 동아리 활동에 바쁘다. 그럼에도 불구하고 서울대 등 국내 주요 대학과 해외 명문대에서 하나고 졸업생을 부르는 이유에는, 하나고 학생들은 입학부터 고교 3년 동안 각자의 꿈을 중심으로 삼아 전략적으로 실력을 키워 이 시대가 요구하는 인재로 육성된 배경이 있었다.

한국형 이튼스쿨을 꿈꾸다

●　　　하나고는 설립 당시 영국 사립학교인 이튼스쿨Eton College
을 롤모델로 삼았다. 이튼스쿨은 1440년 헨리 6세가 세워 현재 영
국에서 가장 규모가 크고 유명한 사립 중고등학교로서 남학생만 입
학할 수 있다. 20여 명의 총리를 비롯해 많은 영국 정치, 문화계의
명사를 배출했다. 학교경영은 수업료 수입과 거액의 기본재산 수
입에 의존하며 교육부의 보조를 받지 않는 독립학교independent school
로서, 우리나라의 자율형 사립고와 같은 개념이다.

　이튼스쿨은 12~18세 사이의 1,300명 남학생들이 사감의 지도를
받으며 기숙사에서 함께 생활한다. 학생들은 인문학, 자연과학을
비롯해 다양한 교과목을 배우고 스포츠, 음악, 연극 활동에 적극적
으로 참여한다. 거의 모든 학생들이 대학에 들어가며, 이들 가운데

3분의 1 가량은
옥스퍼드 대학과
케임브리지 대학
에 입학한다.

이튼스쿨

김진성 하나고
교장은 "설립을
준비하는 과정에
서 영국 이튼스쿨의 시스템을 벤치마킹했지만 한국의 교육 현실을
감안할 때 어떤 외국의 학교 시스템을 그대로 반영하기는 힘들었
다"고 말한다. 이튼스쿨로부터 '학습 외에 예체능을 우선시하는
점', '학생들의 자기 주도적인 의사결정과 협동심 등을 추구하는 시
스템'은 차용할 수 있었다. 하지만 거기까지였을 뿐 더 이상의 벤치
마킹은 한계가 있었다. 어설프게 해외 학교 프로그램만 따라했다
가는 교육 방향도 맞지 않고 한국 현실과 맞지 않아 완성도가 높지
않는 교육기관으로 전락할 수 있었다.

국내 교육환경의 실질적 제약

● 　　하나고는 설립을 준비할 때 해외 우수학교의 장점을 가져오기 위해 교육 전문가들의 컨설팅을 받았다. 이사장, 교장, 교감과 대학교수, 교육 전문가 등이 모여 해외 우수학교의 사례를 분석하며 하나고가 나아갈 방향 설정을 하나씩 진행했다. 어느 정도 해외 우수학교 사례 검토를 마쳤지만 그 어떤 학교의 모델을 그대로 가져올 수는 없었다.

자율형 사립고이기 때문에 교과과정에서는 자율성이 있었지만, 현 교육제도에 따른 대학 입시를 등한시할 수 없다는 점은 이상적인 교육을 할 수 없는 큰 제약이었다. 교과과정을 신설하면서 당시 교육과학기술부(현 교육부)의 승인도 쉽지 않았고 새로운 과정의 운영도 실질적으로 쉽지 않았다. 특목고, 국제고, 외고가 아닌 일반고의 범주에 속하면서도 일괄적으로 짜인 커리큘럼으로 수준 높은 아이들의 수요를 충족할 수 없었다.

그래서 하나고가 선택한 방법은 무학년, 무계열의 개방형 교육 과정이었다. 학생들이 각자의 진로, 적성, 흥미, 능력에 맞게 교과를 선택할 수 있도록 했다. 이를 통해 정형화된 반별 시간표가 아닌 개인맞춤형 시간표를 작성할 수 있다.

국어, 영어, 수학, 과학, 제2외국어, 역사 등 커다란 범주하에 수준별, 연관과목으로 세분화해 학생들이 스스로 선택해 수업을 들을 수 있게 했다. 마치 대학의 강의처럼 각 학기별로 이수 단위수가 주어지고 1학년 때는 기본 교과과정, 2,3학년으로 갈수록 다양한 세분화 과목을 선택할 수 있다.

실질적으로 일반고에서 3년에 걸쳐 진행하는 수능 대비 교과과정을 1학년 동안 어느 정도 마칠 수 있도록 설계했다. 고교 일반 교과과정을 1학년 동안 집중적으로 진행한 후 2,3학년 때부터는 학생들이 스스로 고급과정이나 자신의 적성을 찾을 수 있는 독특한 커리큘럼에 관심을 가질 수 있게 돼 있다.

〈표2〉 필수 이수과목 및 교과별 최소 이수 요구 단위 수(2012학년도 입학생 기준)

교과	필수이수과목(단위 수)	최소이수 요구단위
국어	국어	16
수학	수학/Precalculus 중 택1	16
사회	한국사, 경제*	8
과학	물리1, 화학1	8

영어	영어	20
외국어	기본중국어 또는 기본일본어	6
예체능	체육, 음악, 미술	8
기타	과제연구	2

*AP(미국대학입학시험) Microeconomics +AP Macroeconomics로 대체 가능

〈표3〉 교육과정 편제(2012학년도 입학생 기준)

이수구분	1학년		2학년		3학년	
	1학기	2학기	1학기	2학기	1학기	2학기
창의적 체험활동	창의적 체험활동(4) / 창의적 글쓰기(2) 한 학기 집중 이수	창의적 체험활동(4)	창의적 체험활동(4)	창의적 체험활동(4)	창의적 체험활동(4)	창의적 체험활동(4)
공통	국어(4) 수학(6) / 한국사(4) / 체육(2) 음악/미술(2)	국어(4) / 체육(2) 음악/미술(2)	학기별로 트랙1,2 중 택1 — Track1 영어(6단위)*1과목 4단위*5과목 2단위*2과목 / Track2 엉이(0단위)*1과목 4단위*6과목 2단위*1과목	공강 4시간 / 공강 2시간	학기별로 트랙1,2,3 중 택1 — Track1 4단위*6과목 2단위*2과목 / Track2 4단위*7과목 2단위*1과목 / Track3 4단위*8과목	공강 4시간 / 공강 2시간 / 공강 없음
선택	영어선택 / 과학선택(4) / 제2외국어선택(2)	영어선택(4) 수학선택(6) / 경제선택(4) / 과학선택(4) / 제2외국어선택(2) / 공강 2~4시간*2학기				
총이수단위	34~36	34~36	34~36	34~36	34~36	34~36
과목수**	8	8	8	8	8	8

* 단, 3학년 1학기까지 졸업 필수 이수 총 204단위 중 184단위 이상을 충족하지 못한 경우, 3학년 2학기의 트랙1 이수는 제한됨.

** 교양 및 체육예술 교과는 8과목 수강 제한에서 예외 적용. 즉 이수 제한 과목 수인 8과목을 초과하여 이수 가능. 단, 학기별 교양 및 체육예술 교과는 모두 합쳐 6단위 이상을 수강할 수 없음.

커리큘럼의 차별화

● 　　하나고 학생들은 여느 고등학생처럼 단순히 내신 1등급, 수능 전국 상위권 성적을 목표로 하지 않는다. 오히려 하나고의 전체 커리큘럼은 수능시험과는 거리가 있다. 문·이과의 구별도 없고 수능시험에 대비하는 획일적 시간표도 없다.

특히 내신은 현 입시제도하에서 하나고 학생들에게 불리할 수 있다. 정원이 적어 상위권 학생도 4등급(전체 9등급) 수준에 그친다. 하나고에서는 선택 과목이 다양해 12명 미만의 소수가 선택하는 강좌도 개설된다. 이럴 경우 학생들의 내신 산출 점수는 더욱 불리해진다. 하나고에는 내신 1등급이 많지 않은 것은 물론이고 우수한 학생들끼리 과목을 수강하다 보니 전반적으로 내신 성적이 나쁠 수밖에 없다.

실제 하나고의 2013학년도 서울대, 고려대, 연세대 합격자를 분

석해보면, 대부분이 3,4등급에 몰려 있다. 하나고 출신 SKY합격생 중 내신 3,4등급인 학생이 66%에 이른다. 심지어 6등급도 5명이나 있다. 아무리 외고라도 이 정도 내신을 가진 학생이 SKY에 합격하는 사례는 드물다. 그럼 SKY에서는 하나고 출신 학생들의 어떤 점을 높이 샀기에 내신이 상대적으로 낮아도 합격을 시킨 것일까.

하나고 학생들은 학년 구분 없이 본인의 적성과 희망 진로에 따라 자유롭게 과목을 선택해 대학처럼 교실을 이동하며 수업을 듣는다. 수능과는 상관없는 '독서와 의사소통', '비평적 읽기와 쓰기(영어)', '대중연설과 프레젠테이션(영어)', '영미문학', '국제 경제', '기초디자인·공예', '심리학', '국제법', '고급 수학, 물리, 화학' 등 대학 커리큘럼에나 있을 법한 과목이 많다.

학생들의 관심과 요구에 의해 과목이 개설되기도 한다. 하나의 일화를 살펴보자. 하나고의 한 교사가 수업시간에 존엄사와 관련한 토론을 하다 법의학 과목을 개설할 것을 제안했다. 기초수준이겠지만, 현대 사회에서 의미뿐 아니라 법학과 의학이 어떻게 접목되는지 등을 쉽게 이해할 수 있도록 하자는 취지였다.

1주일에 4시간 수업하는 4단위 수업이었는데 의대를 준비하는 학생들이 대거 몰렸다. 법학, 의학에 관심 있는 학생들에게 좋은 기회도 될 수 있고 학생들의 반응도 좋았다. 하지만 막상 수업을 개설하려니 법의학을 가르칠 만한 교사가 마땅치 않았다. 그래서 각 대학의 법의학 교수들을 수소문해 대학과 경찰청에 있는 전문가가 3~4주 정도씩 나누어 수업을 진행했다. 대략적인 개론 수준이지만 전공, 전문지식을 맛보기 할 수 있는 과목에 학생들은 목말라 한다는 것을 알 수 있었다.

〈표4〉 하나고 커리큘럼(2012학년도 입학생 기준)

(※아래 표의 '성격(단위)'의 '단위'는 한 학기를 기준으로 하는 것임. 단, 'ㅣ+ㅣ'와 같은 것은 1년 과정 설명)

과목군	성격(단위)	1-1	1-2	2-1	2-2	3-1	3-2
국어	심화(4)					논리적 글쓰기	
	심화(2)			고전문학의 감상과비평	현대문학의 감상과 비평		
	일반(4)	국어		문학 I	문학 II	독서와 문법 I	
				화법과 작문 I	독서와 의사소통	독서와 문법 II	화법과 작문 II
	일반(2)			(무)매체와 문학		(무)매체와 문학	
수학	심화(4)			고급수학		워크숍	
				AP 미적분학		원서강독(Linear Algebra)	
				심화통계학			
	일반(6/4)	수학(6)	수학I 심화*(6)	수학II (4)	수학II 심화(4)	심화수학I	
				기하와 벡터(4)	적분과 통계(4)	자연수학	
			수학I (6)	수학I (4)	미적분과통계기본	인문수학	
	일반(2)			수학의 활용		수학I 심화*	
영어	심화(6/4)	심화영어(6)	영미문학I (6)	영미문학II (6)	비평적읽기와 쓰기(6+4)		영어작문(4)
					퍼블릭스피킹과 프레젠테이션(4+4)		
			영어강독(6)**	영어권 문화I (6)	영어권 문화II (6)	영어독해(4)	영어문법(4)
							영어강독(4)**
	일반(6/4)	영이I(6)	영이II(6)	영이III(6)	영어독해와 작문(6)	심화영어 독해와 작문(4)	
사회	심화(4)		(무) AP 미시경제		국제법		
					국제정치I		
				세계문명사		비교문화I	비교문화II
				(무)거시경제		(무)미시경제	
	심화(2)			과제연구I	과제연구II		
	일반(4)	한국사	경제	세계사	동아시아사	한국의 사회와 문화(史)	
				법과정치		한국지리	
				현대사회와 철학		윤리와 사상	
						사회문화	

영역	구분						
과학	심화(4)			심화 화학, 심화 생물		고급 물리	
						고급 화학	
					물리실험, 화학실험	고급 생물	
						고급 지구과학	
					생물실험		지구과학실험
	심화(2)			과제연구I	과제연구II		
	일반(4)	물리I	물리I	물리I		(무)지구과학I	
				화학I			
		화학I	화학I	생명과학I		물리특강I, 화학특강I, 생물특강I	
				지구과학I		지구과학특강I	
		생명과학I	생명과학I	물리II		물리특강II, 화학특강II, 생물특강II	
				화학II			
		지구과학I	지구과학I	생명과학II			
생활(제2외국어)	심화(4)			중국 언어와 문화			중국어회화II
				중국어문법	중국어독해	중국어청해	
				일본어문법	일본어독해		
	일반(2)	기초중국어		중국어회화I		중국어강독	
		기초일본어				일본어강독	
생활(기타)	일반(4)			가정과학			
교양	일반(2)			생활과 심리			
				과학융합			
체육	일반(2)	체육		전문스포츠경기실습		전문스포츠경기고급	
				스포츠과학		(무)운동과 건강생활	건강관리
음악	일반(2)	음악	(음악)	음악실기		연주	
				합창		(무)음악사/감상	합주
미술	일반(2)	(미술)	미술	미술창작			
				기초디자인·공예		(무)미술사	미술 감상과 비평

＊1학년 수학I심화 수강자는 3학년 수학I심화를 수강할 수 없음./ ＊＊1학년 영어강독 수강자는 3학년 영어강독을 수강할 수 없음.

＊ 생활 영역 과목은 상대 평가(등급제)임. 교양 영역은 pass/fail 로만 평가되며, 체육예술도 절대 평가임

수시전형에 강한 인재들

● 　　　고교시절 동안 다양한 학문을 체험해 보고 관심을 가져 보는 경험은 매우 이상적이다. 하지만 일반 고교에서 이를 교과과정에 많이 포함시킬 수 없는 이유는 바로 내신과 수능시험의 압박 때문이다. 대학 입시는 하나고 학생들에게도 역시 커다란 부담이자 목표일 텐데 어떻게 상대적으로 자유로울 수 있을까.

그 중심에는 대학의 수시모집전형이 있다. 수능 중심의 현행 입시제도와는 맞지 않는 하나고의 새로운 교육 방식은 대학의 수시모집에서 빛을 발한다. 하나고는 입학부터 전략적으로 학생들의 흥미와 능력을 중심으로 교육해 수시전형에서 경쟁력을 갖게끔 커리큘럼을 설계한 것이다.

현재 주요 대학들은 수시전형의 비중을 확대하고 있다. 2014학년도 입시만 해도 수시전형을 실시하는 전국 199개 대학의 수시모집 인원은 25만1426명으로 전체 모집 인원의 66.2%나 된다. 특히 서울대를 비롯한 상위권 대학은 70%를 웃도는 인원을 수시전형으로 뽑는다(표5 참조). 하나고가 수능 중심의 교과과정에서 벗어나 보다 자유롭고 이상적인 커리큘럼을 만들 수 있었던 배경이 바로 여기에 있다. 대학 입시라는 굴레에서 벗어날 수 없는, 고교 교육과정의 틀 안에서 하나고는 수시전형에 적합한 인재를 선발해 3년 동안 더욱 숙성시켜 수시전형에 수월하게 진입시켰다. 이것이 하나고발 입시 돌풍의 비결이다.

〈표5〉 주요 대학 수시전형

구분	수시 특별 전형			
	입학사정관 전형	최저 등급	특기자 전형	최저 등급
서울대	수시 일반(1,838) 지역 균형(779)	수시 일반:없음 지역 균형:적용	수시 일반(1,838)	없음
고려대	학교장 추천(630)	적용	국제(300) 과학(250) OKU(120)	적용
연세대	연세입학사정관(600)	적용	글로벌리더(인문) 글로벌리더(자연)	적용
성균관대	성균 인재(805)	적용	특기자(인문268) 특기자(자연70) 과학인재(156)	없음
한양대	브레인 한양(254) 학업우수자(310)	적용	글로벌한양(145) 재능우수자(159) 한양우수과학인(150)	없음
서강대	학교생활우수자(131)	적용	알바트로스 인재전형(131)	적용
이화여대	미래인재(330) 지역우수인재(270)	미래인재:적용 지역우수인재:없음	미래인재(330) 특별전형(321)	미래인재:적용 지역우수 인재:없음

하나고의 신입생 전형부터 살펴보자. 한 해 모집정원 200명 중 40명이 하나임직원의 자녀 대상이다. 학교 측에 따르면 지원이 가능한 하나금융그룹의 임직원 자녀는 한 해 1000명에 달한다. 이 중 40명이 선발된다. 그리고 사회적 배려 대상자 전형이 40명이다. 여기에는 국민기초수급자, 한부모가족, 차상위계층 등이 속한다.

특별 전형 80명을 제외하면 일반 전형은 120명이다. 지원 자격은 특별한 제한이 없다. '2013년 하나고 신입생 전형 안내'에 따르면 제출 서류는 입학원서, 교사추천서, 내신산출결과표, 생활기록부 등이다. 시험도 없고 특별한 제출 서류도 없다. 전형에서의 배점을 살펴보면 교과 성적이 50%로 가장 중요하다. 학교 측에 따르면 전국 상위 5% 안팎의 학생들이 합격선이다. 그러나 높은 성적만으로는 합격하기 힘들다.

'100% 자기주도학습 전형'인 만큼 하나고 전형에서 가장 중요한 것은 공부 외의 다양한 활동 경험이다. 학교 측의 귀띔에 의하면, 특별한 재능이 있다거나 봉사활동, 일정 사안에 대한 탐구·조사 활동을 한 경우 좋은 점수를 받을 수 있다. 그리고 이런 활동이 자기계발 계획서상의 진로나 꿈과 잘 연결되는 경우 합격을 확보할 수 있다. 즉, 주목할 만한 스토리가 있는 지원자가 선발된다는 것이 학교 측의 전언이다.

이는 대학의 수시전형과 내용이 일맥상통한다. 하나고는 입학에서부터 이미 잠재적으로 대학 수시전형에 경쟁력을 갖고 있는 새싹을 뽑는다는 의미로 해석된다. 그리고 새싹들은 하나고 3년 동안

전원 기숙사 생활을 하며 다양한 교과목에서 자신의 진로, 적성, 흥미와 능력에 맞는 수업을 골라 스스로 시간표를 짜고 난이도를 조절하며 잎을 피운다.

하나고발 입시 돌풍 분석

● 　　하나고의 첫 입시 결과를 살펴보면 총 대학 합격건수 220건 중 수시 합격이 184건으로 압도적으로 높다. 정시 합격건수는 36건에 불과하다(표6 참조). 현재 수시전형은 큰 틀로 보자면 수시 일반전형(논술과 수능성적), 수시 특별전형이 있다. 수시 특별전형은 지원 서류의 비중이 크다. 생활기록부, 자기소개서, 추천서를 종합해 1.5~3배수를 뽑아 심층구술시험을 보고 뽑는다(표7 참조). 하나고 학생들의 합격건수는 대부분 수시 특별전형에서 나왔다. 전체 합격건수 중 55.8%에 달한다(표8 참조).

하나고 측에서는 첫 졸업생의 입시 결과를 두고 서울대 등 주요 대학에서 하나고 교육의 방향성에 대한 가치를 인정해 준 것으로 분석하고 있다. 이제까지는 내신과 수능점수로 학생들을 나열해 차례대로 입학시켰다. 하지만 이제는 다양한 인재를 뽑아보자는 방향으로 대학의 입시정책이 변화하고 있다. 그래서 단순히 성적이 아니라 다양한 재능이 있는 아이, 특별한 활동에 관심이 있는 아이를 뽑았다.

이러한 대학의 패러다임 변화는 하나고가 지향하는 교육과 맞아떨어졌다. 덕분에 성공적인 입시 결과를 낼 수 있었다. 특히 최근 들어 서울대, 성균관대, 한양대는 수시 특별전형에서 내신, 수능의 최저등급제를 없앰으로써 내신, 수능에 얽매이지 않고 다양한 공부를 한 학생을 뽑겠다는 의지를 표명했다. 내신이 상대적으로 제약점인 하나고 학생들에게 최저등급의 완화 및 폐지는 매우 반가운 소식이다.

하나고는 큰 그림의 인재상이 있지만, 입시 결과도 못지않게 중요하다는 것을 알고 있다. 대학 입시 결과가 좋아야 다시 전국의 인재들이 하나고에 지원하고 하나고의 철학에 걸맞은 교육에 한걸음 다가가는 선순환이 일어나기 때문이다. 때문에 2013학년도 첫 입시를 앞두고 보이지 않게 각고의 노력을 기울여왔다.

〈표6〉 2013학년도 하나고 대학 입시 결과 (단위: 명)

구분	수시	정시	합계
합격건수(중복)	184	36	220

〈표7〉 수시전형의 이해

구분	전형 설명
수시 일반 전형	대학별 고사(논술) 성적, 수능 성적(우선 선발 또는 일반 선발)로 뽑는 전형
수시 특별 전형	생활기록부, 자소서, 추천서를 바탕으로 1단계 선발 후 2단계 대학별 고사(심층구술면접) 점수를 합산해 선발하는 전형
대학별 고사	*논술:인문 논술, 자연 논술로 구분되는데, 수학, 과학 논술 적용 방법이 대학마다 상이함 -수학, 과학 적용 방법: 고려대(수학, 과학 선택 1영역), 연세대, 성균관대(수학, 과학 통합 논술), 한양대(수학) *심층 구술 면접:1단계 통과자 대상 30~60분 지필 시험 후 15분 내외 구술 *적성고사

〈표8〉 전형별 하나고 합격 현황 종합(상위 7개 대학 기준)

구분	수시전형			정시전형	합계
	입학사정관(기회균등포함)	특기자(수시일반)	일반논술		
합격자(명)	33	91	23	16	163
비율(%)	20.3	55.8	14	9.9	100
비 고	약 76%			약 24%	

〈그림1〉 하나고의 전형별 입시 전략

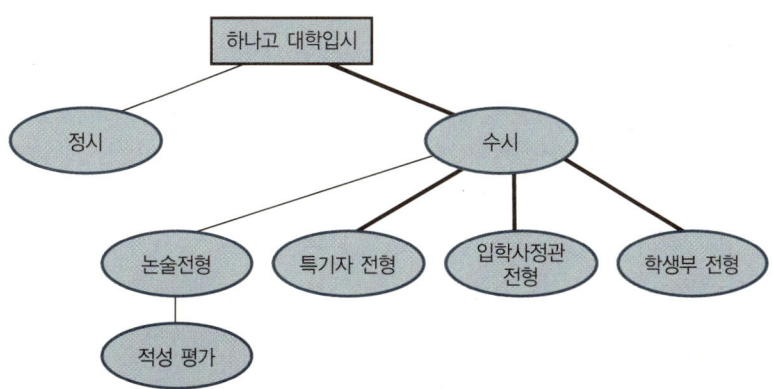

'이상적 교육'이 대학 입시 경쟁력

● 　　　하나고의 가장 큰 특징은 다양하고 독특한 커리큘럼 안에서 학생들이 자유롭게 흥미와 능력에 따라 수업을 골라 듣는다는 것이다. 그리고 하나고의 차별성을 구성하는 또 다른 축은 예체능, 동아리활동, 학술제 등 다양한 비교과활동을 재학기간 동안 마음껏 향유할 수 있다는 것이다.

　이 두 가지 큰 특징이 지향하는 목표점은 같다. 하나고 재학 기간 동안 일반 학생이 갖출 수 없는 독특한 커리어를 형성해 준다는 점이다. 공부든 과외활동이든 고교 수준을 뛰어넘는 몰입성과 전문성을 갖추게 되면서 이는 하나고 출신 입시생의 경쟁력이 되었다. 같은 서울대 입시 전형에서 일반고를 나온 우등생과 하나고 학생이 나란히 지원자로 섰을 때 서울대가 하나고 학생의 손을 들 수밖에 없는 요인으로 작용한다.

하나고 첫 졸업생의 대학 입시를 위한 전략을 분석해 보면 크게 4가지로 나눌 수 있다. 우선 수시전형에 맞춘 3년 고교 과정의 설계다. 앞서 언급했듯이 개인별로 차별화할 수 있는 커리큘럼을 구성하고 학생들이 자유롭게 선택해 수강할 수 있다. 그리고 대부분의 수업은 토론, 발표, 연구 중심의 과정으로 구성된다. 비교과과정에서는 1인2기 교육의 구현으로 예체능의 교양을 겸비할 뿐 아니라 발표회를 통해 실력을 어느 정도 수준급으로 끌어 올린다. 그리고 국제 학술 심포지엄, 과제연구 발표대회, 다양한 동아리 활동, 봉사 활동 등으로 입시 지원서에서 화려한 스펙을 갖추도록 유도한다.

둘째, 하나고는 실질적이고 강력한 입시 지원 프로그램을 갖추고 있다. 기숙형 학교의 장점을 살려 방과 후 학습반을 효율적으로 운영하고 수능 시험에 대비한 개별 지도학습으로 보충한다. 정규 커리큘럼에서 수능대비수업의 부족함을 채우는 동시에 일반적으로 사교육이 담당했던 부분을 커버한다. 하나고 학생들은 한 달에 한 번만 귀가가 가능하므로 과외나 학원 등 사교육은 전면 차단된다.

그리고 수시전형에 포함된 심층면접, 논술(인문, 수리, 과학)반을 운영할 뿐 아니라 대학별 모의 면접반이 수험생들을 지원한다. 이를 위해 진학담당 교사들은 주요 대학의 입학담당기관에 정기적으로 방문해 입시 관련 정보를 수집한다. 서울대, 고려대, 연세대, 성

균관대, 한양대, 서강대, 중앙대 등 주요 대학별로 교사가 2명씩 배정돼 지속적으로 입시 트렌드를 파악해 그 내용을 하나고 내에서 공유한다. 하나고에는 축적돼 있는 입시 자료가 없었다. 그래서 진학 담당 교사들이 직접 뛰는 노고를 통해 주요대학의 수시전형에 대한 철저한 분석과 준비가 이뤄졌다.

셋째, 개인별 맞춤 지도다. 학생이 2학년 말이 될 때 전 과목 교사들이 모여 각 학생의 장점을 파악하는 회의를 한다. 여기서 나오는 이야기들은 모두 학생관찰기록에 자세하게 기술되고 3학년 때 진로지도 자료로 쓰인다. 3학년 담임교사 및 진학지도교사 등은 거의 한 달에 한 번씩 입시전략회의를 갖는다. 이를 통해 개별적으로 학생 한 사람씩에 대한 입시 전략을 수립한다.

3학년 학생들이 작성하는 자기소개서를 두고도 거의 한 학기 동안 검토가 이뤄진다. 수시전형에서는 서류가 매우 중요하다. 자기소개서뿐 아니라 추천서, 생활기록부 모두 진정성이 담긴 글이어야 합격 가능성이 높기 때문이다. 축적된 학생 개인에 대한 세밀한 자료를 분석하고 종합해 입시 지원서가 작성된다. 예를 들어 지원 학생이 근면, 성실한 점을 내세우기로 했을 때는 고교 3년 동안에 있었던 여러 가지 사례와 근거를 구체적으로 제시한다. 그리고 수시전형 1단계 합격자 발표가 된 후에는 집중적으로 모의 심층 면접반이 운영된다. 심층구술면접은 주어진 지문을 읽고 5~10분 정도 자신의 생각을 논리적으로 전개해야 하는 시험이다. 이를 대비하기 위해 대상 학생들은 인문, 경제, 철학, 사회, 수학, 과학 등 다양한 영역에 대한 모의 면접을 방송실에서 치른다. 모든 상황은 카메라로 녹화되고 담당 교사의 의견이 메일을 통해 학생에게 전달된다.

심층구술면접은 아무 생각 없이 말할 수 없을뿐더러 외워서 답변을 할 수도 없다. 때문에 모의 면접은 어떤 질문과 어떤 상황이 주어져도 유연하게 그 내용에 맞게 정보를 종합하고 논리적으로 전개하는 훈련을 하는 것이다. 또한 일반 수시 면접에서도 자신이 어떤 생각을 해왔고, 어떤 꿈을 꾸는지, 뭘 하고 싶은지, 왜 하려고 하는지 등을 유기적으로 연결해 이야기할 수 있는 능력을 키운다.

강남에서 수시 면접 학원의 수강료는 단기 과정임에도 수백만 원에 달한다고 한다. 하나고는 이 영역까지 담당교사의 헌신으로 공교육의 영역으로 끌어들였다. 학교 차원에서는 이런 교사의 헌신을 마냥 강요할 수는 없다. 그래서 하나고에 도입한 방법은 기업식 성과 평가와 포상이다. 후문이지만, 밤을 새워 또 주말까지 할애해 수험생의 진학을 지도하는 담당 교사들에게는 격려금, 인센티브가 주어진다. 2013학년도 입시가 마무리된 후에는 교사들에게 7박8일 호주 여행의 특전이 주어졌다.

넷째, 적극적인 학교 홍보와 대외 관계다. 2013년 입시를 앞두고, 하나고는 신생학교로서 첫 입시이기 때문에 우선 하나고가 어떤 학교인지 대학에 알리는 것이 중요했다. 때문에 주요 대학 입학처에 고3 담임 8명이 모두 찾아가 하나고에서 어떤 교육을 하고 있는지 알렸다. 한 차례가 아니라 2012년 동안 학교별로 2~3번씩 찾아가 지속적인 관계를 형성했다. 그리고 주요 대학의 입학 사정관을 초청해서 하나고 설명회를 열고 자세한 내용의 학교 프로파일을 제작해 제공했다.

하나고가 '공교육 정상화'라는 콘셉트에 맞게 기숙사 생활을 통해 사교육을 차단했고 학생들이 공교육 테두리 안에서 공부뿐 아니라 예체능까지 섭렵하며 성장하고 있다는 점을 어필했다. 이렇듯 새로운 개념의 공교육이 배출한 인재를 대학에서도 인정해줘야 궁극적으로 공교육 정상화가 이뤄질 수 있다고 설명했다.

결론적으로 하나고 1기가 입시에서 좋은 결과를 얻을 수 있었던 배경은 '공교육 정상화', '전인교육'을 말만이 아니라 충실하게 실행했고 졸업생들이 바로 그 첫 결과물이었다.

더 넓은 시야를 가진
글로벌 리더를 키운다

●   하나고의 인재상은 더 넓은 시야와 국제 감각을 갖춰 세계무대에서도 경쟁력이 있는 사람이다. 이를 위해 학생들에게 학업적인 측면뿐 아니라 의사소통 능력과 교양을 포함한 다양한 능력과 유연한 사고가 필요하다. 실제로 하나고의 모든 활동과 커리큘럼은 이러한 궁극적인 목표에 걸맞게 설계돼 있다.

학생들에게 1인2기를 통해 교양과 체력을 쌓게 하고 스트레스 관리하는 법을 훈련시킨다. 그리고 입학 전부터 졸업까지 독서와 글쓰기, 토론을 꾸준히 지도해 하나고를 졸업할 때면 학생들은 프레젠테이션이나 논문 등 자기 생각을 논리적으로 표현하는 데 매우 익숙해진다. 토론, 프로젝트 기획, 분석, 발표, 보고서 작성으로 이어지는 일련의 수업 방식을 통해 단순히 암기 학습이 아닌 새로운 정보를 처리하고 다른 생각과의 조율 끝에 진리를 찾아가는 방법을 터득한다.

그리고 하나고는 끊임없이 동기를 부여한다. 내부 경쟁뿐 아니라 명사 초청, 해외 학교 교류, 교사 컨설팅, 대외 각종 대회 참가 등을 통해 학생들이 지속적으로 도전하고 성취할 수 있도록 프로그램화돼 있다. 즉, 하나고의 여러 프로그램을 통해 하나고 학생들은 글로벌 리더로서의 자질을 갖춰 나가고, 자기 자신만을 위한 성공이 아니라 이 사회에 어떻게 기여할 수 있을까를 고민하는 인재로 어느새 성장해 나간다.

김승유 하나고 이사장은 하나고의 교육 철학에 대해 다음과 같이 설명했다.

"창의적인 글로벌 인재를 양성하기 위해 우리 학교에서는 독서, 외국어, 봉사, 1인2기, 수영의 다섯 가지 하나인증제를 운영하고 있습니다. 이러한 활동은 본교가 추구하는 체·덕·지(體·德·知)를 겸비한 인재 육성이라는 교육 목적에도 부합하는 것입니다. 체력과 예술 소양은 학생들이 세계 속에서 경쟁하는 글로벌 리더가 되기 위해서 필수적인 것들이라고 생각합니다. 또한 이러한 활동은 학생들에게 학업 중간에 다른 활동을 함으로써 일종의 쉼을 갖게 해 재충전의 기회를 제공하고, 상호 협력과 자신감도 얻게 하는 등 매우 긍정적인 효과가 있습니다."

〈죽은 시인의 사회〉와
같은 수업으로 진로, 인생관을 세우다

조영상 | 서울대 동양사학과 1학년, 하나고 1기 졸업

〈죽은 시인의 사회〉는 소설이든 영화든 많은 이들이 기억하는 작품이다. 보수적 명문 사립고인 웰튼 아카데미에 독특한 교육관과 가치관을 가진 키팅이라는 영어 교사가 부임해온다. 그가 파격적인 수업 방식으로 시와 문학을 가르치면서 틀에 박힌 삶을 강요받는 학생들에게 영감을 준다는 내용이다.

진도 나가기에 급급하고 숨 쉴 여유도 없이 빡빡한 수업이 일반적인 고등학교의 모습이다. 그러나 키팅은 세상이 이미 정해놓은 방법을 무시하고 아이들의 의견과 철학을 존중하며 스스로 생각하고 판단하게끔 돕는다. 학생들은 키팅을 통해 정신적 성장을 이뤄낸다.

입시의 굴레에 묶여 있는 현실 교육에서는 가능할 것 같지 않은 스토리다. 하지만 하나고에서는 이런 수업이 꼭 불가능한 것만은 아닐 것 같다. 하나고의 다양한 커리큘럼 안에서 스스로 관심 분야를 찾아 수업을 들으며 자신의 진로와 적성을 찾은 학생이 있다. 하나고를 졸업하고 서울대 동양사학과에 입학한 조영상 군이 그 주인공이다. 조 군은 하나고 재학 시절 윤리 수업을 들으며 인문학에 심취했다. 서양 철학과 역사를 파고들면서 진로를 정할 수 있었고 대학에 진학할 때 동양사학과에 지원했다. 고교 윤리 수업은 일반적으로 학생들이 그렇게 집중하지 않는 과목이지만, 조 군에게는 꿈을 심어준 계기가 됐다. 또한 조 군은 성적 때문에 좌절에 빠져 있을 때 슬럼프를 빠져 나올 수 있도록 이끌어 준 선생님을 잊지 못한다.

사교육에 길들여진 아이

조 군은 중3 때 전교 1등을 할 정도로 성적이 우수한 아이였다. 내신이 우수했기 때문에 과학고나 외고 진학도 염두에 뒀지만 특별히 준비하지는 않았다. 아직까지 자신의 진로에 대해 진지하게 생각해 보지 않았기 때문이었다. 막연히 조 군의 꿈은 항공기 조종사였다.

조 군의 어머니는 교사다. 그는 아이가 착실히 좋은 내신을 유지하면 좋은 대학에 갈 수 있다는 것을 알았다. 하지만 공부에만 얽매이지 않고 하고 싶은 것을 맘껏 해보도록 독려하고 싶었다. 교육에 대해서는 열린 마인드를 갖고 있었다. 그때 접한 소식이 하나고 설립 소식이었다. 단순히 내신과 수능을 좇는 학교가 아닌 열린 교육을 표방한다는 학교의 취지가 무척 마음에 들었다. 그래서 조 군에게 하나고 진학을 적극 추천했다.

중학교 내신 성적이 우수하기 때문에 조 군은 하나고 지원 서류에 자신이 이제까지 '잘 놀았다'는 점을 오히려 역설했다. 자전거 타는 것을 좋아해 중2 때 자전거로 전국여행을 했던 것, 중3 때 제주도에서 자전거 여행을 했던 것 등을 썼다. 그리고 사진에도 취미가 있어 자전거 여행을 다니며 찍었던 사진으로 블로그를 운영했던 내용을 적어 냈다. 하고 싶은 것에는 뭐든 적극적이고 능동적이라는 점을 설명했다.

조 군은 좋은 내신 성적 덕분에 하나고 입시에서 면접이 필요 없는 우선 선발 명단에 들었다. 수월하게 하나고에 입학한 조 군은 고등학생이 된 후 첫 시험에서 충격적인 성적표를 받았다. 수학 과목에서 전교 170등을 한 것이다. 전국 상위 11%여서 못한 것은 아니지만 전국 1%에 들어야 SKY에 갈 수 있다는 점을 고려하면 진학에 빨간 불이 켜진 것이다.

조 군은 수학 성적을 올려야겠다고 결심하고 고1이지만 하루 4~5시간만 자며 수학에 매달렸다. 새벽 2~3시까지 공부하고 주말이면 새벽같이 일어나 면학실에 불을 켜고 제일 먼저 들어갈 정도로 승부수를 걸었다. 이제까지 받아본 적 없는 낮은 성적 때문에 그만큼 절박했었다고 조 군은 회상했다.

수학에 대해 투지는 앞섰으나 그만큼 성적이 따라주지 않았다. 조 군의 성적은 수학은 꼴찌권, 영어는 중간, 국어는 상위권이었다. 조 군은 중3 때까지 과외나 학원을 많이 다녔다. 그래서인지 하나고에서 스스로 계획하고 공부하는 게 익숙지 않아 많이 힘들었다. 이때 조 군은 전학까지 생각했고 어머니께 진지하게 생각을 전했다. 조 군의 어머니는 거주지 부

근 일반고의 전학 상담을 실제로 하러 다녔다. 어머니는 "네가 원한다면 그렇게 하자"면서도 "여러 학교를 알아보고 다녔는데 지금 다니는 학교만큼 네게 잘 맞는 학교는 없을 것 같다"고 조 군을 다독였다. 그리고 "전학을 간다면 얼마 지나지 않아 후회할 것 같다"고 나지막이 말을 건넸다.

담임교사의 피와 살 같은 디렉션

상황을 이대로 둬서는 대학에 갈 수 없다는 두려움이 조 군을 감쌌다. 조 군이 흔들릴 때마다 스스로를 추스르며 자기주도학습을 할 수 있기까지는 1학년 담임이었던 정형식 선생님의 역할이 컸다.

"공부 때문에 고민할 때 저에게 자극을 많이 줬던 분이 담임선생님이었어요. 생각해보면 특별한 이야기를 해줬던 것은 아니었어요. 열심히 공부하란 이야기들이었죠. 하지만 상황마다 제 이야기를 잘 들어줬고 용기를 많이 주셨어요."

담임 교사는 실질적인 디렉션을 조 군에게 줬다. '지금 이런 점이 모자라니 이 부분을 집중 공략하라'는 식이었다. 조 군은 전적으로 선생님의 지도 방침을 따랐다. 그리고 다른 아이들이 올림피아드 등 각종 대회를 준비하는 것을 보고 '나도 해야 하나' 하고 흔들렸을 때도 바로 잡아

줬다. 선생님의 표현은 거칠고 직설적이었지만 조 군에게는 피와 살 같은 조언들이었다. 그만큼 조 군을 잘 알기에 실질적이고 효과적인 지도를 할 수 있었다.

하나고에서 교사들은 단지 수업만 하는 것이 아니다. 기숙학교이기 때문에 부모의 역할까지 대신해야 한다. 24시간 교사와 학생이 붙어 있는 까닭에 특별히 정해진 상담시간이 아니어도 수시로 교사와 여러 고민을 나눌 수 있다.

1학년 1학기 중간고사를 앞두고 조 군은 하나의 수학 문제집을 6~7번 반복해 풀었다. 수학에 어려움을 느끼기 때문에 해법을 달달 외우기도 했다. 중간고사 성적에서 수학 성적은 다소 개선됐다. 전교 100등 수준으로 꽤 올랐지만 노력한 것에 비해서는 만족할 만한 수준은 아니었다.

하지만 자신의 취약점을 극복하기 시작했다는 데 용기를 얻어 더욱더 수학 공부에 박차를 가했다. 하루 10시간 동안 수학에만 매달려 공부할 정도로 투지를 불태웠다. 그리고 방과 후 학교를 신청해 들었다. 물론 자신이 부족한 수학 과목만 들었다. 수업만으로 따라가기 힘든 부분을 개인별로 맞춰 채워줬다. 조 군은 이해가 되지 않는 수학 문제를 반복하여 질문해 이해를 도왔다.

2학년까지 수학 성적은 더디게 올라갔지만 3학년이 돼서는 안정권에 들어서는 성과를 거뒀다.

부족한 수학 공부에 몰두하는 한편, 하나고에서는 해야 할 게 너무 많았다. 1인2기도 그중 하나로 게을리할 수 없었다. 조 군은 검도와 기타를

선택해 고교시절 동안 꾸준히 해나갔다.

"고교 1, 2학년은 공부뿐 아니라 해야 할 게 너무 많아 아무 생각이
안 들었어요. 어떻게 지나갔는지도 모르겠어요. 어떻게 보면 치이는
거지만 다르게 말하면 많은 것에 매진하고 몰두하는 것이에요. 힘들었
지만 모두 의미 있었어요. 그러다 2학년 말이 되면서 성적도 괜찮고
좀 여유가 생겼죠."

실존주의를 탐닉하다

이때 조 군의 머릿속에 강하게 들어온 것이 바로 실존주의다. '윤리와
사상' 과목을 수강하며 마음에 드는 철학자를 정하고 그의 사상에 대한
자기 생각을 정리해 오는 과제를 받았다. 평소《칼의 노래》를 감명 깊게
읽고 이순신 장군의 '고통으로 가득찬 삶 속에서 사실을 사실대로 받아들
이고, 그러한 사실에서 자신만의 길을 찾아 나선다'는 말에 깊게 감동했
던 조 군은 이것이 실존주의 사상과 가깝다는 것을 알게 됐다. 스스로가
"삶이란 힘든 것이니 덤덤히 받아들여야겠구나"라고 생각했다.

그리고 과제의 대상 철학자를 쇼펜하우어로 정하고 "행복은 자기 자
신에 있다. 끝없는 욕망을 버려라. 지금 가진 것에 만족하라. 당당하게
살아라"라는 그의 염세주의 핵심 사상에 자기 생각을 덧붙였다. 하나고

의 윤리 과목을 담당하는 서창원 교사와 토론하며 중세 철학자가 말하고 싶어했던 바를 깊게 이해해 가기 시작했다.

"윤리 선생님을 통해 인문학에 큰 관심을 갖게 됐어요. '윤리와 사상' 과목으로 인문학에 빠진 저는 대학에 가서도 더 깊이 파보고 싶다는 생각을 갖게 됐어요."

"꿈에 대해 이야기할 때 우리 또래 친구들은 어느 대학 가는 게 꿈이고 성적에 맞춰 과를 정하는 게 보통이었어요. 아예 꿈에 대한 고민이 없죠. 하나고의 아이들은 달랐어요. 저를 포함해 하나고 친구들은 자신의 진로와 인생에 대해 많이 이야기하고 고민하는데, 학교 밖에 나가 다른 친구들을 만나면 대부분 그냥 서울대, 연대, 고대의 경영·경제, 의대에 들어가기 위해 성적을 맞춰야 하는 게 고민이었어요."

조 군은 3학년이 돼서 서양철학뿐 아니라 동양철학까지 관심 영역을 확대했다. 논어를 원서로 4~5번 읽으며 여기에 많은 삶의 지침이 있다는 것을 깨달았다. 조 군은 "이병철 삼성 초대 회장의 자서전을 읽어 보니 마지막 부분에 논어 이야기를 하며 그가 살아온 길이 논어에 한정된 삶이었으면 하는 바람을 밝혔다"며 "이건희 회장 같은 대단한 사람이 지침으로 삼을 만한 대단한 책이 바로 논어였다"고 설명한다. 논어 원서를 읽기 위해 한문 공부도 열심히 했다.

'철학이든 어떤 학문이든 역사다. 사료를 읽어가며 근원을 찾아가는 과정이 흥미롭다'고 생각한 조 군은 진로를 사학으로 정했다. 모두가 취직을 위해 경제·경영을 공부하고 싶어 하는 데 비해 조 군은 진정한 학자가 되기 위해 모든 학문의 근원인 인문학을 택한 것이다. 생각 끝에 동양사학을 최종 지원목표로 정했다. 단순히 성적에 맞춰 과를 정한 것과는 큰 차이가 있었다.

치밀한 입시 준비는 자신감으로

3학년 1학기 동안 서울대 지원을 위해 자소서 준비에 들어갔다. 하나고에 입학한 뒤 많은 독서 수업과 과제를 했던 만큼 조 군의 독서량은 상당했다. 자소서는 그가 인상 깊게 읽었던 《칼의 노래》, 《논어》, 《한국전쟁》 등을 중심으로 왜 이 책들을 좋아하고 어떻게 이해했는지, 그리고 이 책들이 전공 선택에 어떤 영향을 끼쳤는지를 서술했다. 그리고 '사료 해석'을 하고 싶어서 지원했다는 동기도 명확히 밝혔다.

그리고 면접을 준비했다. 진학담당교사들이 각 대학에서 수집한 정보를 바탕으로 모의 면접이 진행됐다. 방송실에서 수차례 모의 면접을 하면서 예상치 못했던 질문에도 순간순간 잘 대처해 부드럽게 답변하는 법을 배워 나갔다. 모의 면접이 끝난 후에는 교사와 함께 모니터하며 부족한 부분을 교정했다. 배경지식뿐 아니라 '학자로서의 삶'과 '학문에 대한 생각'을 짧고 명쾌하게 정리해 가며 면접에서 어떤 질문이든 잘 답변할 수 있는 자신감이 커졌다.

또한 동양사학과에 지원했지만 중국사를 배워본 적이 없어 교사의 지도를 받으며 별도로 중국사를 공부해서 대비했다. 이만하면 서울대 입시에 만반의 준비를 마친 셈이었다.

"제가 원래 좀 말을 더듬었는데 모의 면접을 하면서 교정이 됐어요. 실제 면접장에 들어갈 때는 자신감이 있었어요."

실제 서울대 면접에서 조 군은 잘해냈다. 1차 입학사정관, 2차 교수 면접에서 '전통문화와 외래문화의 관계', '왜 사료 해석을 하고 싶은지' 등의 질문에 대해 풍부한 내용을 답함과 동시에 끊이지 않고 말을 잘 이어 나갔다. 조 군은 하나고에서 수없이 많았던 서평 과제와 발표 수업 덕분에 책 읽고 생각 정리하고 발표하고 논문을 썼던 경험이 모두 이 자리에서 발휘되고 있다는 것을 느꼈다. 그리고 2013년 서울대 동양사학과의 신입생이 됐다.

"평생 옆에 두고 할 수 있는 게 공부이며 절대 질리지 않는 학문이 바로 인문학이라고 서창원 선생님이 말했던 게 기억나요. 그분이 아니었으면 제 진로를 이쪽으로 정하지 못했을 거예요."

조 군은 하나고 시절부터 생각해왔듯이 동양 사학 석, 박사 과정을 밟을 생각이다. 그리고 대학 4년 동안 중문과를 복수전공하고 일본어도 어느 정도 해둘 계획을 세워 놨다. 아직 대학 신입생이라 보다 구체적인 진로를 정해야 할 때까지는 시간이 많이 있지만, 조 군은 다른 신입생에 비해 자신의 목표에 대한 믿음이 강했다. 그리고 하나고 후배들에게 메시지를 남기고 싶어 했다.

"하고 싶은 것을 해야 결국 잘된다. 하고 싶은 것을 찾으면 공격적으로 파고들어라. 하나고의 장점이 바로 하고 싶은 것을 찾을 수 있고 깊이 팔 수 있는 것이다. 이 장점을 후배들도 십분 활용하길 바란다."

PART 3

아이들은
하나고에서
어떻게 적응하고
스스로
진화하는가

PLAN-DO-SEE

경영학 개념 중 'Plan(계획)-Do(실천)-See(평가)'란 경영전략 수립 과정이 있다. 경영전략을 세울 때 내·외부 환경을 먼저 분석한 후 전략에 대해 핵심과 위험요인, 그리고 개선 방법을 찾는다. 그 후 개선안을 실행해 보고 그것이 더 나은 상황을 만들었는지 평가해 보는 일련의 과정이다.

'Plan-Do-See' 과정은 단지 비즈니스에만 적용할 수 있는 개념은 아니다. 수학 문제를 푸는 것부터 진로 및 직장 선택, 심지어 배우자 선택 등 중요한 결정을 내릴 때 매우 유용하다.

최근 교육계에서 큰 이슈가 되고 있는 자기주도학습을 하는 데에도 'Plan-Do-See' 과정의 훈련이 잘 되어 있는 학생이라면 우수한 성과를 내는 경우가 많다.

진로와 적성, 창의력과 사고력, 체험 봉사활동, 포트폴리오, 학생기록부 등 최근 입학사정관전형이 확대되면서 등장한 입시의 핵심키워드들이다. 이 모든 것은 자기주도성이라는 단어로 요약할 수 있다. 입학사정관전형의 핵심은 진로와 목표를 향한 과정이 진정성 있고 일관되며 얼마나 자기 주도적으로 이루어졌는지를 들여다보겠다는 것이다.

하나고의 교육 과정에서 우리가 주목하는 점이 바로 모든 교과과정과 활동에 'Plan-Do-See' 과정이 녹아들어 있어 학생들이 모든 것을 자기 주도적으로 해 나간다는 것이다.

이 장에서는 학기 별로 학생들 스스로가 자기주도형으로 어떻게 발전

해 가고 자기주도학습의 핵심인 동기가 어떻게 부여되는지를 살펴보도
록 한다.

자기주도형 학생 발전 단계

● 　　자기주도형 생활습관이 몸에 익기까지는 본인의 의지가 가장 중요하다. 하지만 스스로 모든 것을 결정하고 실행할 수 있도록 환경을 만들어주고 옆에서 조력하는 일도 무시할 수 없다. 하나고 안에서 자기주도형 학생으로 성장시키는 일련의 과정을 학년별, 학기별로 살펴보자.

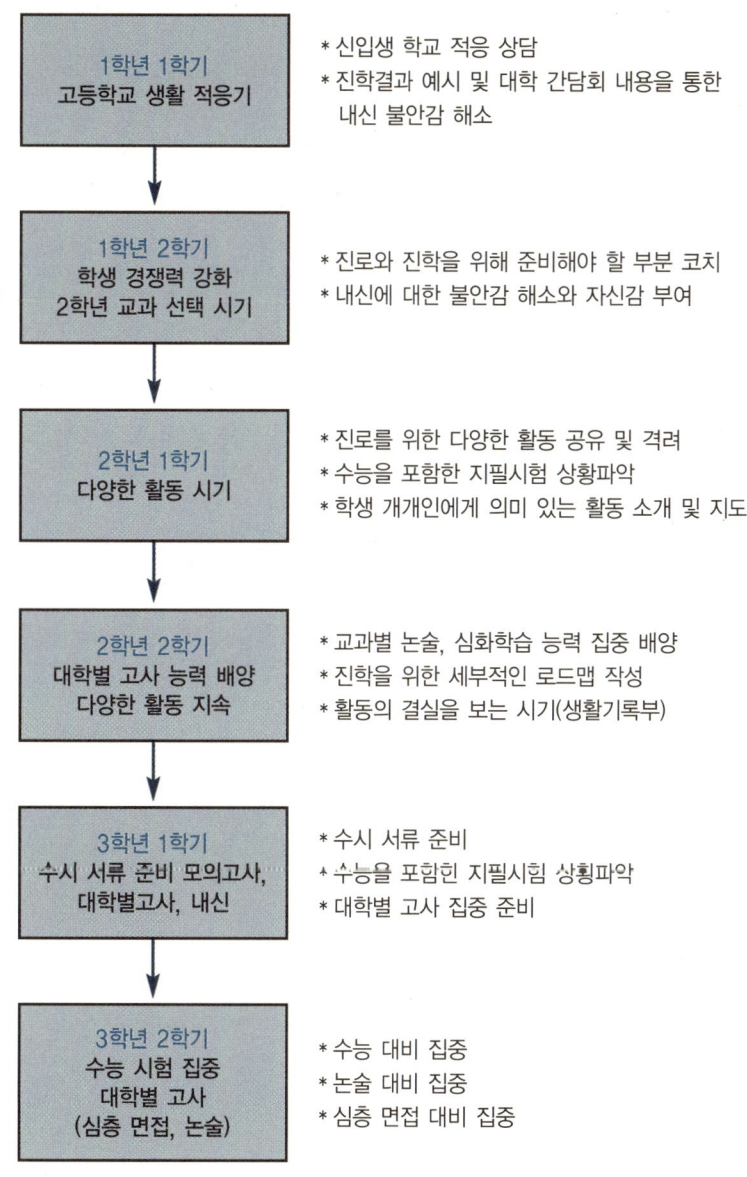

1학년 1학기
고등학교 생활 적응기

* 신입생 학교 적응 상담
* 진학결과 예시 및 대학 간담회 내용을 통한
  내신 불안감 해소

1학년 2학기
학생 경쟁력 강화
2학년 교과 선택 시기

* 진로와 진학을 위해 준비해야 할 부분 코치
* 내신에 대한 불안감 해소와 자신감 부여

2학년 1학기
다양한 활동 시기

* 진로를 위한 다양한 활동 공유 및 격려
* 수능을 포함한 지필시험 상황파악
* 학생 개개인에게 의미 있는 활동 소개 및 지도

2학년 2학기
대학별 고사 능력 배양
다양한 활동 지속

* 교과별 논술, 심화학습 능력 집중 배양
* 진학을 위한 세부적인 로드맵 작성
* 활동의 결실을 보는 시기(생활기록부)

3학년 1학기
수시 서류 준비 모의고사,
대학별고사, 내신

* 수시 서류 준비
* 수능을 포함한 지필시험 상황파악
* 대학별 고사 집중 준비

3학년 2학기
수능 시험 집중
대학별 고사
(심층 면접, 논술)

* 수능 대비 집중
* 논술 대비 집중
* 심층 면접 대비 집중

1학년 1학기 | 하나고 생활 적응 시기

갓 하나고에 입학한 학생들이 학교에 적응할 수 있도록 개별 상담이 이뤄진다. 신입생들은 학교 커리큘럼부터 시설 이용, 기숙사 생활, 1인2기 및 동아리 활동까지 모든 게 낯설다.

하나고의 고명찬 교사는 "부모나 학원에서 시간 관리와 계획을 짜주는 대로 움직이기만 했던 아이들이 집을 떠나 스스로 무엇인가를 해야 하는데 어찌할 바를 몰라 당황해한다"고 말한다.[1] 커리큘럼에 대해서는 그래도 1학년은 공통교과과정을 들으므로 스스로 과목을 결정해야 하는 부담은 적은 시기다.

이때 중요한 것은 신입생들이 품고 있는 내신에 대한 불안감을 떨쳐 주는 것이다. 하나고가 수시전형에서 강점이 있다는 점이 설명된다. 선배들의 대학 진학 결과와 대학의 수시전형 확대 등에 개괄적으로 설명해 이해를 돕는다.

하나고에 오는 아이들은 대개 전국 상위 5% 내외의 우수한 아이들이다. 그래서 각자 어느 정도 공부에는 자신이 있고 노하우를 갖고 있다. 하나고 측에서는 학생의 유형을 크게 2가지로 나눠 자기주도학습을 지도한다.

첫 번째 유형은 선행 학습량이 많고 특정과목에 우수한 학생이다. 이런 학생들에게는 머릿속에 있는 지식과 내신 문항을 다루는

---

[1] 하나고 1기 〈우리들의 이야기〉 중

것에는 차이가
있음을 지도한
다. 즉, 내신과
수능에서 높은
성적을 받을
수 있도록 문
제풀이법을 지

도하고 다량의 문제를 풀게 함으로써 스스로 문제 푸는 방식을 터
득하도록 한다. 특히 이 부류의 학생은 기존에 갖고 있던 자신만의
문제 풀이 역량을 과신하거나 고집하는 경우가 많다. 수업시간에
진행되는 교재에 집중할 수 있도록 유도한다.

　두 번째 유형은 중학교에서 내신 위주로 공부한 학생이다. 대부
분 평소 공부하는 습관이 있는 게 아니라 시험이 닥쳐서야 벼락치
기 공부를 하는 스타일이다. 중학교까지는 이런 식이 통했지만 고
교부터는 효과적이지 않다는 점을 이해시키고, 밀려서 공부하는 습
관을 지양하도록 한다. 하나고의 내신 시험은 문제 수준이 높으므
로 교재와 부교재를 중심으로 자기주도학습량이 많고 깊어야 한다.

　하나고 학생들의 이야기를 들어보면, 1학년 1학기 중간고사 결
과가 발표되면 거의 모든 학생이 충격을 받는다. 이유는 첫째, 문
제 수준이 높기 때문에 점수가 낮게 나온다. 중학교 때 모두 공부
를 꽤 잘했기 때문에 100점 만점에 80점 이하로 받아본 적이 별로
없다. 하지만 하나고 첫 중간고사에서 50점, 심지어 30점을 받고서

는 당황하고 우는 아이들을 흔히 볼 수 있다.

상대적인 등수도 마찬가지다. 중학교 때 1, 2등을 놓치지 않았던 아이들은 전국에서 모인 수재들과의 첫 경쟁에서 쓴맛을 본다. 비슷한 수준의 아이들이 모인 만큼 생각해본 적 없는 큰 숫자의 등수가 나온다. 아이들도 어느 정도는 예상했지만 전교에서 자신의 위치를 확인하고 중간 이하일 경우는 큰 충격으로 작용한다.

평생 처음 맛보는 이러한 자극이 투지를 불태우는 긍정적 에너지로 변환될 수 있도록 교사들은 전적으로 상담에 나선다. 우선 용기를 주고 개별 학생의 부족한 점을 짚어주면서 개선 방향을 스스로 찾을 수 있도록 돕는다.

1학년 2학기 | 개별 경쟁력 강화 시기

1학기 중간고사 이후 나름 최선을 다해 공부에 열중했음에도 내신 성적이 큰 폭으로 상승하는 결과를 얻는 아이들은 드물다. 모두가 사활을 걸고 열심히 하기 때문이다. 동급생과의 경쟁이라는 상대적인 점보다 과목별 점수의 향상이 큰 의미가 있다는 점을 잘 코치하고 자신감을 부여한다.

학교 측은 내신 성적에 연연하지 말 것과 조금씩 향상되고 있음을 강조한다. 특히 수학, 영어 공부에 대해 흥미를 잃거나 자포자기하는 것을 방치해서는 절대 안 되는 시기다. 하나고 측에서는 이 시기가 담임 및 교과 교사의 상담이 절실하고 그 역할이 가장 중요한 때라고 보고 있다.

그리고 1학년 2학기 기말고사 종료 이후부터 하나고의 커리큘럼 안에서 학생들의 색깔을 정해 나가야 한다. 본격적인 자기주도학습을 시작한다는 의미다. 계열과 진로에 대한 윤곽이 형성되기 시작하는 단계다.

도전의식이 강한 영재형 학생은 더욱더 수준 높은 전문 과목 위주로 수강하도록 해 자극과 흥미를 잃지 않도록 한다. 반면 다양한 과목을 섭렵하고 싶어 하는 학생은 관심에 따라 다양한 수업을 경험케 한다. 단 내신 평점 관리가 잘될 수 있도록 한다. 그리고 1학년 2학기에 어학인증시험에 꾸준히 도전할 것을 권장한다.

2학년 1학기 | 다양한 경험 시기

하나고 아이들은 대부분 1학년 동안 일반 고교의 교과과정을 속성으로 마친다. 뿐만 아니라 공부하는 시간이 많기 때문에 수능과 내신 시험에 대비할 수 있는 엄청난 양의 문제풀이를 해낸다. 덕분에 2학년이 돼서는 내신과 수능의 부담을 일단 넘어서서 각자의 흥미, 관심에 따라 다양한 커리큘럼에 도전할 수 있다.

이때부터 도전하는 과목과 활동은 모두 학생들의 자산이 될 의미 있는 것들이다. 훗날 수시전형에 지원할 때 자소서에 기술될 내용들이기 때문이다. 2학년 1학기는 가장 활발하게 비교과 활동을 하는 시기다. 하나고 학생들이 수시전형에 경쟁력이 있다 할지라도 수능 공부는 간과할 수 없다. 의미 있는 과목과 활동에 집중하면서도 수능 준비도 소홀히 하지 않도록 유도한다.

한편, 내신 성적이 상승하거나 하락하는 것이 분명히 나타나는 시기가 바로 이때다. 각자가 잘하는 과목에서만큼은 분명히 성적이 향상되는 모습을 보여야 한다. 갑자기 오르는 것을 기대하기 보다는 장기적으로 보고 꾸준히 상승세가 지속되는 것이 중요하다. 그리고 자기가 약한 과목에 대해 집중적으로 공부할 수 있어야 한다. 이 시기를 놓치면 아예 구제할 수 없을 수도 있기 때문이다.

특히 수학 때문에 고생하는 학생들이 많은데, 2학년 1학기는 수학과목의 심화 학습 능력을 기르는 것이 무엇보다도 중요하다. 국어, 영어 공부는 결국 독서량이 좌우하기 때문에 꾸준한 독서를 지도해야 한다.

하나고에서는 2학년 1학기부터 과제연구가 시작된다. 사회와 과학 교과에서 각각 한 학기 동안 진행할 프로젝트를 정하고 팀을 구

성해 자료수집, 실험, 분석, 평가, 발표, 논문 작성을 진행한다. 한 학기에 걸쳐 진행되는 만큼 Plan-Do-See 과정

을 몸소 터득하고 훈련할 수 있는 좋은 기회다. 창의적 탐구 능력과 학문적 문제 해결력을 높일 수 있다.

하나고 교사가 과제연구를 지도하고 조력하지만 주제에 따라 외부 지도위원을 초빙해 과제 연구의 완성도를 높이기도 한다. 과제연구는 2학년 2학기에도 진행되기 때문에 1학기 때 다소 미숙하고 시행착오를 겪었더라도 2학기 과제연구에서는 한층 성장한 연구자의 역량을 갖출 수 있다.

인문계 논술도 이때부터 준비를 시작한다. 꾸준히 독서와 서평 작성, 논술 실습 등이 3학년 1학기까지 반복하며 진행돼 대학별 고사의 논술 시험을 대비한다. 그 외, 학생들의 진로 계획에 따라 미국대학 선미수 과정인 AP시험과 영어인증시험 TEPS 등 외국어인증시험을 준비한다.

2학년 2학기 | 진학 대비 의미 있는 능력 배양

이때부터 지난 1년 반 동안 개별 학생의 하나고 생활을 평가하는 작업이 시작된다. 담임교사 및 과목별 교사가 학생의 적성, 성취도, 활동, 강·약점 등을 파악하고 분석해 세부적인 내용을 모두 생활기록부에 기입한다. 이를 바탕으로 대학 진학을 위한 로드맵이 구체적으로 마련된다. 생활기록부는 또한 수시전형에서 제출해야 할 자기소개서나 추천서 등과 함께 소중한 자료가 된다.

지속적으로 내신 성적 관리가 이뤄진다. 2학년 1학기 때 평점이 낮은 과목들에 대해 원인이 뭔지 분석하고 개선점을 찾는다. 학생 스스로가 취약 과목을 극복하지 못한 경우 교사들의 힘을 빌려 수술 작업에 들어가는 것이다. 때문에 교과 담당 교사들과 상담이 적극적으로 이뤄진다.

하나고 측은 "이때까지 일정 과목에 대해 점수가 낮다면 틀리는 문제에 대한 분석이 필요하고 단순한 실수였다는 생각을 버리도록 하는 것이 중요하다"고 말한다.

이제 과목별로 누적 학습량이 상당 수준까지 올랐기 때문에 내신이 어느 정도 탄탄하게 형성된 학생은 심층 면접에 대비해 심화 학습문제로 레벨업한다. 또한 전국 연합학력평가의 성취도에도 관심을 갖고 학생들이 준비하도록 해 전국 수준에서 어느 위치에 자신이 있는지 파악해야 한다. 1학기부터 준비했던 AP시험의 응시가 이뤄지고 외국어인증시험도 성과를 거둘 수 있어야 한다.

3학년 1학기 | 수시전형 서류 준비

대학 수시전형에서 중요한 평가기준 중 하나가 자기주도학습을 어떻게 해왔고 얼마나 성과를 거둬왔는지다. 매학기 내신 성적을 학생과 교사가 꾸준히 관리해 온 이유가 이 때문이다. 8월부터 시작되는 수시전형을 앞두고 자기주도학습의 마지막 결과를 보여주는 3학년 1학기 내신 성적은 매우 중요한 잣대다. 하향세를 조금이라도 보이는 학생은 마지막 반등이 이뤄져야 한다. 학생들은 2학년 때 다양한 과목 수강과 활동을 바탕으로 지원 대학과 학과에 대해 구체적인 결정을 내려야 한다.

그리고 이어지는 개별 학생의 자기소개서 작성은 장시간 많은 공이 들어가는 작업이다. 교사가 작성하는 학생추천서도 마찬가지다. 지원 서류 준비를 위해 학생과 교사가 긴밀하게 전략을 짜고 협동해야 한다. 자기주도학습의 성장 추이를 반영하고 지난 5학기 동안 했던 다양한 활동에 대한 총정리가 이뤄진다.

서류준비뿐 아니라 수시전형이 시작되는 하반기에 있을 심층면접 준비도 함께 이뤄진다. 그리고 6월에 있을 수능 모의평가에 대비한 최대한의 준비가 필요하다.

3학년 2학기 | 수능, 논술, 심층면접 준비에 올인

대학 입시를 앞두고 학생들이 눈코 뜰 새 없이 바쁜 시기다. 수시 전형에 지원한 학생은 전형일정에 따라 11월 말까지 면접 및 구술고사를 준비하느라 정신없다. 또한 11월 초에 있는 수능 시험을 앞두고 총정리를 실행해야 한다. 바쁜 수능시험을 마친 후, 수시든 정시든 대학별 고사(심층 면접, 논술)까지 마치고 합격자가 발표되면, 지난 3년간의 길고 길었던 레이스를 끝내고 피니시 라인을 통과한다.

내가 왜 공부해야 하는가

●   자기주도학습에서 가장 중요한 것은 동기 부여다. 즉, 왜 내가 공부해야 하는가를 스스로 깨달아야 하는 것이다. 부모의 잔소리로 동기 부여가 된다면 세상 모든 학생이 우등생일 것이다. 동기 부여는 철저하게 아이 스스로의 내재적 인식 영역인 반면 외부 환경의 자극과 연계돼 있다. 시시때때로 들려오는 부모의 '공부하라'는 주문에 대부분 익숙해져 동기 부여를 위한 자극제로서는 효용이 없는 게 사실이다.

  '내 인생과 꿈을 위해', '내가 하고 싶은 것을 하기 위해', '성취감을 맛보려고', '명문대생이 되기 위해', '이성 친구에게 멋있게 보이기 위해', '다른 친구보다 우월하기 위해', '부모님의 기대에 미치기 위해', '칭찬받기 위해', '세계 역사에 큰 획을 긋기 위해' 까지 뭐가 되든 상관없다.

강력하게 동기가 부여돼야만 공부라는 힘들고 고된 인내의 시간을 버텨낼 원동력이 마련된다. 동기 부여는 자기주도학습의 시작이자 끝이다. 자기주도학습의 방법과 세부사항은 교사와 학부모, 교육전문가가 조금만 도와주면 터득하는 것은 어렵지 않다.

하나고에서의 동기 부여는 어떻게 이뤄질까. 하나고에는 의도했든 안 했든 수없이 많은 동기 부여 장치가 내재돼 있다. 하나고에는 기본적으로 학습능력이 우수한 아이들이 모였기 때문에 일단 좋은 땔감이 마련돼 있다. 여기에 작은 점화장치로 불만 당겨도 활활 동기가 불타오른다.

하지만 동기 부여는 한 차례로 끝나는 것이 아니다. 강력하든 약하든 지속적으로 불길이 활활 타오르도록 계속 동기 부여가 이뤄져야 한다. 하나고의 동기 부여 장치를 하나씩 살펴본다.

하나고의 프라이드

● 　　　하나고에 취재 갔을 때 엘리베이터를 우연히 함께 탄 학생들이 기억에 남는다. 그 또래답게 친구들과 장난과 농담을 주고받던 학생들은 대화 중 "그게 될까"란 말에 "Hana Academy makes it possible(하나고에서는 뭐든 가능하지)"이라고 영어로 랩을 했다. 짧은 말이지만 학생들의 자신감과 학교에 대한 자긍심을 읽을 수 있는 부분이었다.

실제 인터뷰했던 하나고 학생들은 학교에 대한 강한 자긍심을 갖고 있었다. 하나고를 졸업한 이윤서 양(서울대 핵원자학과)은 "일반고에 다녔으면 경험하지 못했을 내 인생에 가장 중요한 3년을 보냈다"며 "하나고 다녔던 게 뿌듯하다"고 밝혔다.

마찬가지로 하나고 출신 한원흠(고려대 물리학과) 군은 "하나고에

막 입학했을 때 좋은 학교에 왔으니 의욕만 있으면 뭐든 할 수 있겠다고 생각했다"며 "호기심이 많아 학교 시스템 안에서 다양한 과목을 들어보거나 예체능이든 동아리 활동이든 뭐든 여러 가지를 해보고 싶었다"고 말했다.

미국의 심리학자 매슬로우Abraham H. Maslow 교수는 인간 욕구가 잃어버린 잠재능력을 활성화하는 데 촉매제 역할을 한다고 한다. 그는 인간의 욕구를 생리적 욕구, 안전의 욕구, 소속감과 애정의 욕구, 자긍심의 욕구, 자아실현의 욕구 5단계로 나누고 등급을 매겨 각각의 욕구가 어떤 다른 욕구에 의해 지배받는지에 관한 이론을 제시했다.

하나고에 대한 강한 자긍심은 매슬로우 이론의 3단계, 4단계에 해당한다. 잘나가는 집단에 소속돼 주위로부터 인정받고 싶어 하는 욕구, 내적성취감(자기만족), 외적성취감(타인의 인정과 부러움)의 욕구를 충족시키고 있다. 기본적인 욕구가 채워지면 인간은 상위욕구를 채우려 한다. 상위욕구는 하위욕구가 충족될 때 동기 요인으로서 작용한다는 매슬로우의 이론을 감안할 때 하나고에 대한 소속감과 자긍심은 다양한 동기 유발 요인이 될 수 있다.

반대로 패배의식이 짙은 집단에서는 소속원들에게 동기 부여하기가 쉽지 않다는 점을 감안하면, 하나고 학생이라는 그 타이틀만으로도 스스로 우월감을 느끼고 최고를 지향하는 태도를 갖게 된다. 최고를 겨냥하는 의지는 공부에 전념을 다하는 동기 요인으로 이어진다.

공부와 운동에 몰두하는 또래 집단

●   16~19살. 이 나이의 청소년에게 가장 큰 영향력을 끼치는 인물은 부모나 선생님이 아니다. 바로 주변의 친구들이다. 청소년들은 또래 집단과 항상 자신을 비교하고 친구들 사이에 퍼진 문화를 좋든 싫든 그대로 받아들이는 경향이 강하다. 또래 집단으로부터 받는 사회적 압력peer pressure에 관한 최근 연구에 따르면, 십대들의 뇌는 성인의 뇌에 비해 또래 집단에서의 사회적 소속감과 인정에서 얻는 만족감에 더 크게 자극받는다고 한다.

'또래 나쁜 친구에게 영향을 받는' 압력에 대해 부정적인 시각도 있지만, 서로에게 도움이 되는 사회적 행동을 하도록 서로를 격려하는 순기능도 있다. 가령 가깝게 지내는 친구들이 공부나 운동을 잘하는 것에 높은 가치를 둔다면 공부나 운동을 더 열심히 해야겠

다는 동기를 부여받을 수 있다.[2]

　하나고에는 공부뿐 아니라 다양한 재능을 가진 아이들이 전국에
서 모인다. 영어를 원어민처럼 구사하는 아이, 수학·과학에 정통
한 아이 등 학업이 우수한 아이만 있는 게 아니다. 하나고에는 특
이한 경력이나 대외적으로 우수한 성과를 거둔 경험이 있는 또래
들이 모여 있다.

---

2 월스트리트저널 2013.6.17일자 〈Peer Pressure for Teens Paves the Path to Adulthood〉

예를 들어, 대학생이나 금융사 직원이 취득하는 증권분석사 시험에 수석합격한 아이, '한일 이공계 국비 장학생 선발 시험'에서 전국 최상위권 성적을 거둔 아이, 20개국 140여 명이 참가한 국제 청소년 물리토너먼트대회IYPT에서 최우수상을 받은 아이. 금융투자동아리를 통해 모의 투자뿐 아니라 기업 탐방 후 증권사 애널리스트들이나 작성하는 리포트를 쓴 아이, 석·박사 수준의 영어 논문을 쓴 아이 등 다양하다. 주변에 이런 친구들과 24시간 함께 붙어 있으면 적지 않은 자극을 받는다.

하나고는 설립된 지 몇 해 안 됐지만, 학업과 예체능에 몰두하고 뭐든지 좀 더 넓고 깊게 가보려는 교풍校風이 형성됐다. 각자마다 원대한 꿈과 이념을 추구하는 성향도 있다. 이 안에서 서로가 서로에게 긍정적인 자극을 제공하며 시너지효과를 거둔다.

특히 같은 학년 200명은 함께 생활하며 1인2기 등을 통해 같이 운동하면서 형성된 강한 유대감을 갖고 있다. 그래서 서로를 경쟁자로 인식하기보다는 조력자 역할이 가능하다. 인터뷰 했던 하나고 학생들 중 꽤 여러 명이 "취약한 과목에 대해 방과 후 학교나 선생님께 도움 받기도 했지만, 그 과목에 아주 능통한 친구에게 물어보며 성적을 올릴 수 있었다"고 밝혔다.

끊임없는 미션과 레벨업

● 　　하나고 학생들은 입학부터 졸업하는 그날까지 눈코 뜰 새 없이 바쁘다. 아침 6시부터 밤 12시까지 꽉 차 있는 스케줄로 공부와 활동을 병행해야 한다. 주말도 동아리 활동 등이 있어 그렇게 여유 있지는 않다. 꽉 찬 일과 스케줄 속에서도 오아시스같이 숨을 돌릴 수 있는 시간이 바로 1인2기 시간이다. 스포츠, 음악, 미술을 즐기며 리프레시하고 다시 학업에 집중할 수 있게 하는 시간이다.

　하나고 학생이 해야 하는 여러 미션들을 하나씩 들여다보자. 우선 수업에 많은 시간과 에너지를 투입해야 한다. 하나고 수업은 대부분 일방적인 강의가 아니라 토론 등 참여가 많다. 수업 참여를 위해 여러 책을 읽어야 하고 자료를 찾아야 하며 예습, 복습이 필수다. 리포트 등 직접 글을 써야 하는 과목도 많다. 또한 내신 관리를 위해 부족한 과목은 방과 후 학교를 신청해 들어야 한다. 반면 잘하는 과목은 고급과정을 선택해 들으며 레벨을 계속 높일 수 있다.

1인2기는 학업만큼 빡빡하지는 않지만 주중 하루만 빼놓고 주 4회 오후 4시 20분부터 5시 50분까지 1시간 반 동안 참가해야 한다. 1인2기에서 배우는 음악, 미술, 운동은 인증제가 있고 한 학기마다 발표회가 있어 공연이나 전시회를 준비해야 한다. 그리고 동아리 활동도 주당 2시간씩, 봉사 활동은 주중 4시간 이내로 참가해야 한다.

그 외 각종 경시대회(전국고교생 경제한마당, 경제이해력검증시험 TESAT, 올림피아드, 한국사능력시험, 수학경시대회 등), 외국어 인증 시험(TEPS, TOEFL, HSK, JLPT, 중국어 말하기 대회, 일본어 연극대회), 외부 시험 준비(AP, SAT 등), 축제 및 학술제 준비, 해외교류프로그램 및 포럼(교환학생, 국제학술심포지엄, 전국고교생 외교 포럼), 인턴십, 체험학습 등이 있다. 하나고는 모든 활동과 시험에 참여할 것을 권장하고 있고 준비반을 마련해 놓고 있다.

관심과 의욕이 있다면 도전할 것들이 산더미처럼 있는 것. 인정과 성취감을 좇는 영재들에게는 아주 적합한 동기 요인이다.

결론적으로 학습에 있어서는 다양한 스펙트럼과 레벨이 있어 한 영역과 수준에 머무르지 않도록 계속 자극한다. 어떤 일에 이미 익숙해졌거나 숙련된 경우 더 이상의 동기는 없다. 이런 점으로 볼 때 수많은 레벨과 다양한 활동, 도전 과제를 설정해 놓음으로써 하나고의 시스템 자체가 학생들이 끊임없이 시도하고 성취하도록 설계돼 있다.

쉽게 말해 백화점이나 대형마트처럼 소비자가 사고 싶은 것을 고를 수 있도록, 동기유발 과제들을 집대성해 펼쳐 놓은 것이 바로 하나고인 것이다. 학생들은 진로를 위해 필요하거나 해보고 싶은 과제를 하나씩 장바구니에 담아나가고 결국 졸업할 때 풍족한 쇼핑을 마친다고 할 수 있겠다.

더불어 하나고 내의 모든 활동은 인증제와 발표회를 거친다. 일종의 테스트라고 할 수 있지만 결과를 점수로 환산해 받는 것이 아니다. 1인2기의 경우 한 학기 동안 연습한 악기 연주를 오케스트라 공연이라는 목표가 설정되어 발표해야 한다면 연습에 더욱 집중할 수밖에 없다. 그리고 결과가 좋든 나쁘든 무대 위에 올라 많은 사람들 앞에서 박수를 받는 일은 강한 동기유발장치다. 이 또한 학기를 더할수록 자신의 수준을 높이고 친구들과 담당 강사에게 인정받고 성취감을 느낄수록 '하고자 하는' 욕구는 커져 간다.

흥미를 부추기는 뷔페식 커리큘럼

●   국어, 영어, 수학, 물리, 화학, 생물, 사회, 역사, 체육, 음악…. 우리가 익히 알고 있는 고등학교 커리큘럼이다. 그리고 각 과목 안에서 선생님과 참고서의 해설을 줄줄이 외우고 시험을 보기 위해 문제경향을 답습하는 것이 우리의 일반적인 고교 교육 모습이다. 예를 들어, 국어의 경우 윤동주의 서시를 읽으며 '밤'은 일제강점기의 암담한 현실을 나타내고 '바람'은 외적 고난과 시련을 의미한다고 기계적으로 외운다. 갈래는 '자유시·서정시', 성격은 '고백적·성찰적·상징적·의지적', 제재는 '별', 주제는 '부끄러움 없는 삶에 대한 소망'이라고 공부한다.

    "죽는 날까지 하늘을 우러러 한 점 부끄럼이 없기를 잎새에 이는 바람에도 나는 괴로워했다."

이 아름다운 시를 읽으며 기계적으로 외운다는 게 얼마나 안타까운 일인가. 국어의 학습목표인 표현력, 감수성, 창의성을 높이는 데 지금의 교육방식이 과연 효과적일까. 국어를 국어답게, 수학을 수학답게, 영어를 영어답게 공부할 수 있다면 지적 성장기에 있는 고등학생들이 얼마나 재미있게 공부할 수 있을까.

우리 교육의 한계를 하나고의 커리큘럼에서 실마리를 찾아 개선할 수 있지 않을까 생각해 본다. 하나고 커리큘럼은 단순히 몇 가지 과목의 구성이 아니라 100개 이상으로 분화돼 있다. 국어 한 교과만 해도 방과 후 특강까지 포함해 17가지 과목이다. 물론 이 중에는 내신과 수능 대비를 위한 과목도 있지만 국어와 문학을 십분 이해하고 이를 통해 창작, 비평까지 할 만한 능력을 키울 수 있도록 짜인 과목도 여럿이다. 학생들은 윤동주의 서시를 나만의 생각으로 분석해 보고 현대 사회에 접목해 보고 윤동주의 표현력을 이용해 글을 쓸 수도 있다.

고교 3년 동안 골라 들을 수 있는 하나고의 커리큘럼은 약 150개다. 기본적인 과목 외에 학생들의 흥미, 진로 등에 따라 넣고 뺄 수 있는 유연한 성격을 띠고 있다.

바닐라, 딸기, 초코 아이스크림만을 먹을 수 있는 가게보다 31가지 맛을 고를 수 있는 아이스크림가게가 인기 있는 것처럼, 뷔페식으로 다양하게 차려진 과목을 골라 수강할 수 있는 하나고 학생들은 여러 가지 양분을 섭취하며 무럭무럭 지적 성장을 이룬다. 이 과정에서 자연스럽게 새로운 학문에 대한 관심영역의 확장이 이뤄지고 심화 과정에 도전해보려는 동기 유발이 생성된다.

각 교과별로 일반고에는 없는 하나고만의 독특한 커리큘럼의 일부를 다음[3]을 통해 좀 더 자세히 들여다본다.

1 | 국어과 교과편성 운영

• 국어 교과 영역에서 필수이수단위는 16단위(국민공통기본 교과 8단위, 선택 교과 8단위)이며 추가 수강을 자유롭게 할 수 있다.
• 심화 및 전문 교과 선택과목은 국민공통교과의 심화된 내용을 학습하고자 하는 학생들을 위해 심화된 전문 교과목으로 구성하여 대학의 기초 과정과 대등한 수준의 깊이 있는 학습을 추구한다.

교과명	과목 소개
창의적 글쓰기	창의적 체험활동의 일부로 평소 부담스럽게 느껴지는 글쓰기에 대해 일상 속에서 접할 수 있는 소재와 내용을 통해 다양한 방면으로 접근함으로써 자신의 언어를 창조적으로 사용할 수 있는 국어 능력의 신장과 창의적인 담화의 수용 및 생산을 도모하는 교과다.
매체와 문학	현대 사회에서 문학은 수많은 매체를 통해 재생산·소비되고 있다. 다양한 매체와 결합된 문학 작품의 모습을 감상하고 문학이 매체 재생산의 재료로 활용되는 방식을 이해한다. 실제 활동에 참여해 봄으로써 언어능력과 매체활용능력의 향상을 목표로 한다.
독서와 의사소통	문학과 비문학을 아우르는 다양한 분야의 통찰적 읽기를 통해 글에 담긴 주제를 이해하고 창의적이고 비판적인 시각으로 바라보는 과목이다. 단순한 읽기와 작가의 견해를 수동적으로 수용하는 차원을 넘어 적극적인 자신의 견해를 논리적으로 펼쳐나가는 말하기와 글쓰기 활동을 통한 의사소통 능력의 향상을 목표로 한다.

문 장 론	동서양의 명문을 통해 문장을 보는 관점에 대해 파악하고 현대 사회에서 활용되는 문장 서술 방식의 구체적 실제들을 다양하게 학습함으로써 정확하고 올바른 문장, 표현효과가 높으면서 참신한 문장, 논리적으로 표현의도를 전달할 수 있는 문장 등에 대해 학습한다.
독 서	국어 사용 능력을 신장시키고 다양한 형태의 글을 접하게 함으로써 능동적인 독서 능력을 배양하며, 정보화 사회에서 정확하고 효과적으로 국어 생활을 영위할 수 있도록 하는 것을 목표로 한다.
언어와 논리	LEET(법학적성시험), MEET/DEET(의·치의학교육입문검사)나 대학 논술 지문 등을 구조적으로 독해하는 연습을 통해 장기적으로 논술의 기본 논리를 다지는 수업
인문 통합논술	사회적 이슈와 기본 철학을 묻는 다양한 논제들에 대한 사고력 향상을 목적으로 비판적 글쓰기를 연습하는 수업

2 | 영어과 교과편성 운영

• 영어교과 영역에서 이수할 수 있는 최소 학점은 16학점으로 고1, 고2는 선택과목 6단위 편성, 고3은 선택과목 4단위로 운영한다.

• 심화 및 전문교과 선택과목은 일반선택교과의 수준을 심화 보충하는 내용과 다양한 원서 사용을 통해 정통 영어 문장에 최대한 많이 노출시키도록 한다.

영어권 문화 I, II	미국을 구성하는 다양한 문화적 요소를 사설, 기사, 문학, 영화, 음악 등 다양한 매개체를 통해 접하면서, 동시에 미국을 제외한 다른 영어권 국가들의 문화 혹은 한국 문화와의 비교를 통해 다양성과 개별성을 중시하는 미국 문화 고유의 특성과 유래를 이해한다. 강의, 토론, 발표 중심.
퍼블릭 스피킹 & 프레젠테이션 스킬	이 수업은 SAT 등 대학 입시에 필요한 영어 에세이를 쓸 수 있도록 영어로 생각하고 글쓰기 능력을 배양한다. 또한 대중 앞에서 장시간 발표를 해야 할 때 능숙하게 영어로 이야기를 할 수 있도록 돕는다.

영어 작문	이 수업은 해외 진학 또는 국제학부 진학을 목표로 하는 학생들이 일상생활에 필요한 작문 실력을 넘어 아카데믹 에세이를 작성하는 데 도움을 주고자 개설되는 강좌이며 강의식이 아닌 개별지도를 중심으로 운영함

3 | 수학과 교과편성 운영

- 수학교과 영역에서 필수이수단위는 수학 8단위, 필수 선택 교과는 20단위이고 나머지는 자유롭게 수강한다.
- 심화 및 전문 교과 선택과목은 일반선택교과의 수준을 심화 보충하는 내용과 AP교과로서 대학의 기초과정이나 학부전공과 동등한 내용으로 구성한다.

고급수학	전문교과로서 수학2, 기하와 벡터, 적분과 통계의 상위과목 성격을 가져 대학교 1학년 수준에 준하는 과목이다. 1년 단위 수업으로서 개인 연구 발표 수업이 있음.
AP 미적분학	대학교 1학년 과정의 미적분학을 공부한다. 1년 단위의 과목으로 원서로 공부한다.
워 크 숍	고급수학의 연계과목으로, 수학적 의사소통 능력과 창의적 문제해결력을 신장함을 목표로 하는 최고급 과목이다.
원서 강독	해외대학 진학을 목표로 하는 학생, 또는 폭넓은 수학공부를 원하는 학생을 위한 과목으로 대학교 교육과정 Linear Algebra를 원서로 학습하는 전문 고급 교과목이다.
심화수학 I , II	수리가형 응시생을 위한 과목으로 수학 I, 수학 II, 기하와 벡터에 대한 종합적인 개념 탐구와 이를 바탕으로 창의적인 문제해결력을 신장하는 과목이다.

4 | 사회과 교과편성 운영

- 사회교과 영역에서 필수이수단위는 한국사 4단위와 경제 4단위 (경제 또는 AP미시경제)이며, 그 외에는 자신의 적성과 흥미를 고려해 자유롭게 선택해 수강할 수 있고, 하나고 졸업을 위한 최소 이수 요구단위는 12단위다(단, 2013년 서울대 정시모집 일반전형의 사회, 도덕 교과의 필요최소 이수단위를 고려해 22단위 이상 수강할 것을 권장하고 있다).

- 심화 및 전문교과목은 일반선택교과의 수준을 심화, 보충하는 내용과 AP교과로서 대학의 기초과정과 동등한 내용, 대학 학부 전공과 동등한 내용으로 구성한다.

AP 미시경제	이 수업에서는 수요 공급의 원리, 탄력성, 소비자 선택, 시장의 종류, 시장 실패와 정부 실패 등 미시 경제의 주요 이론을 깊이 있게 학습한다. 경제, 경영 계열 진학을 꿈꾸고 있는 학생들을 위해 심화된 내용으로 수업을 진행.
AP 거시경제	이 수업에서는 국민 소득 결정, 실업과 인플레이션, 화폐와 금융, 국제 경제 등 거시 경제의 주요 이론을 깊이 있게 학습한다. 경제, 경영 계열 진학을 꿈꾸고 있는 학생들을 위해 심화된 내용으로 수업을 진행.
국 제 법	국제법은 국제 사회의 질서를 규율하는 준칙으로 국제 질서와 현상을 파악하는 데 도움을 준다. 특히 외교관이나 국제 관계 분야로 진학하고자 하는 학생들에게 장래 희망과 관련해 큰 도움이 된다. 이 수업에서는 고교 수준에서 이해할 수 있는 다양한 사례와 판례를 중심으로 국제법의 주요 이론을 학습한다.
동아시아	한국, 중국, 일본, 베트남, 몽골 등 동아시아 여러 나라의 역사를 선사 시대부터 현대사까지의 흐름을 살펴본다. 다양한 시청각 교재를 활용해 각 시대별 특정 주제에 대해 깊이 있는 해석과 토론 발표도 진행한다.
금융시장의 이해	경제를 주제로 한 동서양의 여러 고전을 읽으면서 자본주의의 발달사나 금융과 시장에 관련한 경제관의 변화를 학습한다.

국제 경제	경제 원론적 지식을 바탕으로 보다 폭넓게 현대의 국제 경제에 대한 이해를 목표로 하여 강의, 문답, 발표, 토론 방식으로 수업을 진행한다.
비교 문화	유럽 문화권의 역사, 특히 정치사뿐 아니라 경제, 종교, 과학 및 기술, 예술, 사상, 사회사 등 다방면의 역사를 다루면서 아시아 등 다른 문화권과 비교해 본다. 이를 통해 다른 문화에 대한 편협한 입장에서 벗어나 보다 포용적이고 다면적인 사고로 국제적인 안목을 기르는 데 중점을 둔다.

5 | 과학과 교과편성 운영

- 과학교과 영역에서 이수해야 할 최소학점은 8학점이다. 다만 서울대에서 2010학년도 입학자의 최소 이수학점을 16학점으로 정했고 2011학년도 입학자의 경우 2개 과목(물리, 화학, 생명과학, 지구과학) 이상 수강을 권장하고 있다.

- 심화 및 전문 교과 선택과목은 일반선택교과의 수준을 심화시킨 내용과 AP교과로서 대학의 기초 과정, 대학의 학부전공과 동등한 내용으로 구성한다.

물리 실험	전문교과로서 다양한 물리 탐구 및 실험을 통해 물리 현상을 이해하고 이론적인 부분을 강화해 갈 수 있다.
화학 실험	전문교과로서 다양한 화학 분야의 탐구 및 실험을 한다. 다양한 변인 설계를 하게 되고 화학물질과 상태, 반응의 관계, 정량관계를 이해할 수 있다.
고급물리, 고급화학, 고급생물	물리, 화학, 생물에 대해 심화된 내용의 학습을 원하는 학생들이 선택할 수 있다.
과제연구 I, II	자연 과학에 연관된 주제를 자유롭게 선택해 팀별 또는 개인별로 연구해 논문을 작성하는 과목이다. 논문 작성에 대한 전반적인 이해와 선행연구의 고찰을 통해 자연과학 연구주제에 대한 심도 깊은 연구를 할 수 있다.

6 | 음악, 미술,체육 교과편성 운영

- 1학년 2학점 이수를 필수로 하고, 2, 3학년은 선택과목제로 운영
  한다(체육은 4학점 필수).
- 1인2기와 연계하고, 우수/보통/미흡 3단계 절대평가로 평가한다.

합창, 합주	함께 음악을 연주하는 경험을 통해 개개인의 연주 능력을 향상시키고 서로의 소리를 조율하는 과정을 통해 음악적 분석력을 기르고 사회성, 협동심을 기른다.
미 술 사	그림으로 배우는 한국 미술사는 우리나라 미술의 기원, 역사적 형성 과정, 조형론적 의미를 학습하고 시대별, 작가별, 주제별로 분류된 미술사 수업을 통해 미술 전반에 대한 이해를 높이고 바람직한 미술감상자, 문화소비자로 성장시킨다.
전문스포츠 경기실습	모두 손쉽게 참여할 수 있는 뉴 스포츠 종목을 통해 체력과 순발력을 키우고 다양한 경기 기술과 규칙을 습득해 팀수업을 목표로 한다.

교사와의 친밀도가 동기를 높인다

●   독일 의대교수이자 정신과 의사로 '교사들을 위한 건강연구소'를 운영하는 요하임 바우어 박사Dr. Joachim Bauer는 《학교를 칭찬하라Lob der Schule》라는 저서를 통해 교사의 관심과 인정이 동기 부여에 얼마나 중요한지 역설했다.

아이들을 믿음을 갖고 지켜봐 주고 격려하고 바르게 평가하고 인정해 주는 것이 그들 스스로를 가치 있게 느낄 수 있게 해준다. 그래서 건강하게 자라고 목표를 세워 스스로 노력하게 하는 동기를 높여 준다는 것이다. 삶에 대한 에너지와 동기, 쾌감을 관할하는 신경생물학적 중추에서 도파민, 옥시토신, 오피오이드 이 세 가지 전달물질을 더욱 활발히 생산케 하기 때문이라고 박사는 설명한다. 그러나 아이들이 부모나 교사의 신뢰와 인정을 충분히 받지 못하면 그 전달물질들을 대신할 대리자극물질을 찾게 되고 술, 니코틴 등의 약물이나 인터넷, 컴퓨터 게임 등의 대리자극은 그 자극 자체에 대한 욕구를 지속시키고자 하는 동기에만 영향을 줄 뿐이라고 말한다.[4]

하나고에서는 일반고에서 볼 수 있는 선생님에 대한 반감은커녕 스스럼없이 선생님과 장난치고 있는 학생들이 눈에 많이 띄었다. 57명의 교사들은 전교생의 이름을 거의 모두 알고 있다. 그도 그럴 것이 선생님과 학생이 밤낮없이 함께 생활하다 보니 친밀도가 매우 높아졌기 때문이다.

하나고에는 특별히 상담 시간이 정해져 있지 않다. 문제나 고민이 있을 때 담임이나 교과목 교사를 수시로 찾아가 털어놓는다. 교사들은 학생에 대한 관심도와 친밀도가 높을 뿐 아니라 학생에 대한 많은 정보를 갖고 있다. 그래서 학생들을 늘 지켜봐 주고 알아봐 주고 인정해 줄 수 있다.

중학교 때 공부를 잘해 주목받던 아이는 하나고에 와서 200명 중한 명으로 평범한 아이가 되는 것에 대해 나름 스트레스를 받는다. 또한 부모와 떨어져 기숙사 생활을 하기에 부모의 각별한 애정을 받는 것도 아니다.

이런 상황에서 교사의 애정과 관심은 학생들에게 심리적으로 매우 중요한 요소이다. 일반적으로 교사는 부모 다음으로 많은 접촉

---

4 요하임 바우어 《학교를 칭찬하라(Lob der Schule)》 중

을 하는 성인으로서 청소년은 교사와 상호작용을 통해 사회 성원으로 필요한 지식, 기술, 가치, 태도, 사회관 등을 형성한다. 부모와 떨어져 기숙사 생활을 하는 하나고 학생들은 교사와의 관계가 친구들 다음으로 학교생활에서 큰 비중을 차지한다.

정철화 하나고 교감은 학생들과 교사의 친밀도가 얼마나 중요한지에 대해 이렇게 말한다.

"아이들이 성적에 매우 민감해요. 시험이 끝나면 아이들이 집에 전화해서 우는 모습을 자주 볼 수 있어요. 이야기를 들어보면 '나는 엄청 잘했는데 나보다 더 잘하는 친구들이 있어 위화감을 느낀다'는 내용들이에요. 공부에 힘들어할 때 교사들이 지지해주고 챙겨주는 것에 따라 아이들은 큰 위안과 용기를 얻죠. 다시 부딪혀 해볼 힘을 얻어요. 상황을 극복하고 인정하는 고통을 다른 또래 아이들보다 일찍 겪어요. 그래서 정신적 성장을 일찍 하는 것 같아요."

교사와 학생의 끈끈한 관계에 대한 작은 일화가 있다. 김진성 하나고 교장은 학생들의 생일이 되면 사탕, 초콜릿을 늘 챙겨줬다. 하나고 1기 한원흠(고려대 물리학과) 군도 매년 생일 때마다 사탕과 초콜릿을 받고 친구들과 작은 생일파티를 열곤 했다. 한 군이 고3이 되고 생일이 가까워 오던 때였다. 하나고에는 '신문고'가 있어 억울한 일이 있는 학생이 불만을 올리면 교장이 확인하는 제도가 있다. 한 군은 여기에 어리광 섞인 글을 하나 올렸다.

"교장선생님, 저 한원흠인데요. 올해 생일에는 교장선생님께서 항상 주시는 사탕과 초콜릿 대신 다른 음식이 먹고 싶어요. 햄버거 같은 거 말이에요."

그 다음 날, 한 군이 식당에서 식사를 하고 있을 때 교장이 한 군을 찾아왔다. 그리고 "원흠아, 편지 읽었는데, 그런 건 그냥 우리 둘끼리만 알고 있는 거야"라고 말하고 갔다. 하나고에서 외부 음식 반입은 교칙상 금지돼 있다. 한 군은 작은 바람이 이뤄질 수 없음에 실망하고 풀이 죽었다. '우리 학교 교장선생님이라면…' 하고 내심 기대했기 때문이다.

이 일을 까맣게 잊어갈 무렵, 김 교장으로부터 전화가 한 통 왔다.

"원흠아, 선생님인데 교장실로 좀 와 봐."

한 군은 워낙 장난꾸러기여서 하나고 내에서 말썽을 많이 피우는 편이었다. '또 뭐가 걸렸구나' 생각하고 교장실로 갔다. 김 교장이 우두커니 앉아 있는 그 옆에는 맥도날드 빅맥 세트 4개가 있었다. 김 교장은 주말임에도 불구하고 굳이 학교에 차를 끌고 나와 햄버거를 사온 것이었다.

"원흠아, 햄버거 맛있게 먹으렴. 그런데 기숙사에선 먹지 마라. 교칙은 지켜야지?"

　기숙사에서 방을 같이 쓰는 다른 친구 3명과 세상에서 가장 감동 받았다는 표정을 지으며 한 군은 햄버거를 먹었다. 그리고 김 교장이 자신에게 애정을 갖고 신경써주고 있는 데 대한 뿌듯한 마음을 갖고 자습실로 향했다.[5]

　교사와 교장, 교감뿐 아니다. 금융계의 거물이었던 하나고의 김승유 이사장 역시 학생들에 대한 애정이 각별하다. 그는 아이들의 이름뿐 아니라 가정환경, 특성 등을 대부분 파악하고 있다. 이사장실에는 학생들에 대한 자료가 늘 놓여져 있고 시간 날 때마다 김 이

---

5 하나고 1기 〈우리들의 이야기〉 중

사장은 꼼꼼히 읽어본다.

"하나고 재학생 600여 명 모두가 제게는 가족처럼 예쁜 존재들입니다. 내 아이라고 생각하니 더욱 관심을 갖게 되고 경제적인 것뿐 아니라, 그들의 성적 변화에까지도 눈길이 가더군요. 앞으로도 계속해서 재학 중일 때뿐 아니라 졸업한 후에도 그들의 삶에 도움이 되는 일을 찾도록 할 것입니다."

떨어져 있는 부모의 품을 대신해 교사와 이사장까지 각별한 관심과 애정을 가져주는 것이 강력한 동기 유발 요인으로 작용하고 있음은 확실하다.

자신의 꿈에
날개를 달다

박선영 ┃ 서울대 국문학과 1학년, 하나고 1기 졸업

꿈과 계획이 뚜렷한 아이

2013년도 서울대 국문과에 입학한 박선영 양은 하나고에 입학하기 전부터 국문과를 정해 놓을 정도로 목표가 뚜렷했다. 그녀는 중학교 때 신문을 읽다가 비교문학이란 것을 접하게 됐다. 비교문학이란 두 나라 이상의 문학을 비교하여 서로의 문학양식 · 사상 · 조류 · 영향 등을 연구하는 학문이다. 어린 마음에도 '우리 문학이 훌륭함에도 불구하고 외국에서 한국 문학의 특색을 잘 이해하지 못한 게 아닐까' 생각했다. 우리 문학을 해외에 더 알릴 수 있는 방법으로 비교문학의 전문가가 되고 싶다고 꿈꿔왔다.

박 양은 어릴 때부터 문학에 관심이 많았다. 초등학교부터 책을 많이 읽었고 지역 독서 토론 프로그램 등에 참여했다. 책을 많이 읽다 보면 관심 영역이 다양하게 커지는 것이 좋았다.

고교 입시를 앞두고 박 양은 특목고 지원을 제안받았다. 내신 성적이 1등을 놓치지 않을 정도로 꽤 좋았기 때문이다. 하지만 박 양은 외국어고나 과학고에 어떤 목적을 갖고 뭘 배울 수 있다기보다는 단지 네임 밸류가 높기 때문에 간다고 생각했다. 그래서 단칼에 특목고 지원을 거절했다. 그러던 중 하나고 설립 소식을 들었다. 하고 싶은 것을 맘껏 배울 수 있는 학교라 생각했다. 다양한 커리큘럼을 선택해 듣는 방식에 특히 마음이 이끌렸다. 수능 준비만 하면서 고교 3년을 보내기보다는 많은 것을 배우고 경험해보고 싶었다.

이윽고 하나고의 면접장에 들어섰다. 지원 서류에는 독서량이 많고 문학에 관심이 많으며 비교문학을 공부해 보고 싶다는 의지를 상세히 서술했다. 때문에 면접에서의 질문은 이에 관한 것들이 대부분이었다. 중학교 교과서에 나온 시를 주고 어떻게 생각하느냐는 질문을 받았다. 문학에는 자신이 있었기 때문에 중학교에서 배운 이론에 자기의 생각을 자유롭게 펼쳐 그럴싸하게 답했다. 그리고 진로에 대한 질문에는 비교문학을 공부하고 싶고 왜 그런 생각을 하게 됐는지를 조리 있게 설명했다.

박 양처럼 자신의 진로에 대한 계획이 뚜렷하고 이미 그와 관련돼 다양한 활동을 해온 학생은 하나고에서 선호하는 인재다. 그래서 어려움 없이 하나고에 합격할 수 있었다. 박 양이 훗날 선생님께 들은 이야기도 "내신 성적도 좋지만 너는 꿈이 뚜렷해서 뽑았다"였다.

2010년 봄, 박 양의 하나고 생활이 시작됐다. 하지만 당시 박 양은 꽤나 혼란스러웠다고 말한다.

"학교가 설립된 지 얼마 안 돼 한 건물은 아직도 공사 중이었고 여기 저기 자재가 널려 있었어요. 그리고 선생님도 학생도 아직 뭘 해야 할지 잘 몰랐죠. 이때 들었던 생각은 우리가 1기이니까 하고 싶은 것을 시작하면 후배들도 이어서 할 수 있겠다였어요. 그래서 마음 맞는 친구들과 동아리도 만들고 했어요."

'내신을 위한 공부벌레가 되지는 말자'

전국에서 모인 친구들과 친해지고 기숙사 생활은 재미있었다. 그리고 독서 일기를 써야 했는데 한 달에 1, 2권의 책을 읽고 손 글씨로 감상문을 써야 했다. 줄거리와 자신의 실생활을 연결해 정리하는 독서 일기를 박 양은 꽤 재미있게 즐겼다.

그리고 1학기 중간고사를 치르며 다른 아이들은 패닉에 빠졌지만, 박 양은 의연했다. 어느 정도 예상했던 성적이 나왔기 때문이었다. 박 양은 국어, 영어에 강한 전형적인 인문계형 인재였다. 그럼에도 수학 성적은 나쁘지 않았다. 문제는 과학이었다. 고교 3년 동안 잘 받은 게 5등급이었다. 과학고를 준비하다가 하나고에 온 아이들이 있어 과학 성적을 따라잡는 게 쉽지 않았다. 나아지지 않는 성적 때문에 담임교사와 상담도 자주 했다.

"당시 어떻게 할까 생각을 많이 했어요. 그리고 내린 결론이 '내신을 위한 공부벌레가 되지는 말자'였어요. 하고 싶고 좋아하는 것은 정말 열심히 하고 상대적으로 약한 과목에 연연해하지 않기로 했어요."

박 양은 국어 쪽으로 진로 계획을 세웠기 때문에 커리큘럼 내 국어과 과목을 거의 다 들었다. '논리적 글쓰기', '매체와 문학' 등의 수업은 할수록 흥미가 더욱 샘솟았다. '논리적 글쓰기' 과목의 경우 단순히 논술을 대비하는 수업이 아니었다. 매주 작문을 해서 내야 했고 그 내용을 3분씩 발표해야 했다. 논조가 다른 기사를 비교해 보기도 했고, 서평을 쓰기도, 학술적 글쓰기도 훈련했다. 그리고 보통 글을 써 가면 결과물만 선생님이 첨삭해 주는 것이 글쓰기 수업의 전형인데, 이 수업에서는 처음 개요부터 시작해 글 쓰는 과정 하나하나에 첨삭이 이뤄졌다. 박 양은 수업을 통해 점점 글쓰기 실력이 부쩍 늘고 있는 자신을 발견했다. '매체와 문학' 과목은 교과서가 딱히 없었다. 선생님이 오늘의 주제를 '욕망'이라고 정하면 만화, 영화, 소설 등에 표현된 욕망을 비교해 보고 무엇이 다른가 토론하는 형식이었다.

국어 수업 중에 《철학적 시 읽기의 즐거움》이란 책을 교재로 삼은 적이 있었다. 교육부에서 지정한 교과서가 아니어도 시중에 발간된 책도 하나고에서는 교재가 될 수 있었다. 우리에게 친숙한 현대 시인의 시를 통해 현대 철학의 주요 개념과 현대 철학자들이 고민했던 문제가 무엇이었는지 살펴보는 교재는 박 양에게 무척 매력적이었다. 문학 비평가가 되고 싶은 박 양에게 큰 영향을 끼친 교재와 수업이었다. 문학을 통해 인문학과 철학에 심취했고 더 나아가 국문학을 전공하기 위해 왜 인문학을 공부해야 하는지 등 사고의 깊이는 점점 깊어져 갔다.

여러 국어 수업을 들으며 박 양은 방학 때 고고학 유적 답사를 갔다 와서 학술 보고서를 쓰기도 했고, '아나운서의 옷차림이 선정적'이라는 주장을 담은 글을 쓰고 발표를 하기도 했다. 경제학자 제레미 리프킨의《공감의 시대》등 고교생에게 다소 어려울 수 있는 책까지 섭렵하며 책을 읽고 선생님과 내용을 놓고 토론하는 게 박 양은 좋았다.

"저는 하나고의 다양한 커리큘럼에서 선택과 집중을 했어요. 국어와 영어를 중심으로 글쓰기, 토론 수업을 주로 들었죠. 잘 못하는 과목인 과학은 필수만 들었어요. 3학년이 돼서 과학 과목은 수강 안 해도 되니 평균 성적이 그때 많이 올랐죠.(웃음)"

신문사 편집장으로서 칼럼을 쓰다

하나고에 입학할 때 오리엔테이션에서 신문반 기자를 모집한다는 공지를 접했다. 이를 보자마자 망설임 없이 지원해야 할 것 같았다. 주위 친구들은 '학보 기자를 하면 시간을 많이 뺏겨 내신 준비할 때 힘들 것'이라고 했지만 박 양에게 잘 들리지 않았다. 나름 기사를 작성해 오디션에 지

원했다.

하나신문 1기 기자로 뽑힌 학생은 총 12명이었다. 지도 교사에 따라 신문을 만들면 되겠거니 생각했지만 처음부터 끝까지 학생 스스로 해야 했다. 편집장도 학생들이 모여 자체 투표로 선정해야 했다. 첫 편집장으로 뽑힌 아이가 탈퇴해 재투표가 진행된 결과 박 양이 편집장으로 선출됐다.

설립 초기라 신문반 동아리방도 준비되지 않았었다. 그래서 미리 도서관 토의실 이용 신청을 해놓고 저녁 자습시간에 기자들이 모여 편집 회의를 했다. 다행히 몇 달 뒤에 신문반 전용 공간이 마련됐다. 박 양은 취재, 인터뷰, 기사 작성을 하면서 이제까지 갈고 닦았던 글쓰기 역량을 단계적으로 발휘할 수 있었다.

이제는 글쓰기가 단지 연습이나 점수를 받기 위한 과제가 아니라 자신이 보고 들은 것을 체계적으로 정리하는 단계로 발전했다. 더 나아가 의미 부여와 주장을 담아 감으로써 자신의 글이 다른 사람에게 정보를 제공하고 영향력을 끼칠 수 있다는 점에 신문사 생활에 더욱 심취했다. 박 양은 DMZ 현지 리포트뿐 아니라 '하나인, 기본적인 공중도덕 지켜야 할 때' 등 칼럼을 쓰며 졸업할 때까지 많은 기사를 하나 신문에 게재했다. 그리고 편집장으로서 언론의 생리와 리더십도 조금씩 배워 나갔다.

"신문사에서는 여러 가지 기자들의 생각을 취합하고 빠르게 판단하는 등 종합적인 사고가 필요했어요. 그리고 기자들에게 취재를 시키기 위해 리더십도 갖춰야 했어요. 동년배 친구들이지만 일이 진행되기 위해서는 지시도 해야 하고 그가 잘 이해하고 따를 수 있도록 부드럽게 의사도 전달해야 한다고 느꼈거든요."

"학보 기자 생활을 하면서 앞으로 기자가 되고 싶다는 생각을 많이 했어요. 부모님은 기자가 고생스러울 수 있다며 반대하지만, 그래도 기자일은 매우 보람 있고 재미있어서 진로 계획 중 하나의 가능성으로 생각하고 있어요."

"처음엔 1인2기 정말 싫었어요"

많은 여자 아이들이 그렇듯이, 박 양은 체육에 흥미가 없었다. 땀 흘리며 뛰는 것도 싫었고 그래서인지 중학교 때까지 체육 성적도 그다지 좋지 않았다. 하나고에 오니 체육 시간이 거의 매일 있어 억지로 해야 하는 것에 불만이 많았다. 박 양이 1학년 때 1인2기를 거부하는 학생들도 있었고 학부모들 사이에서는 폐지하도록 학교 측에 의견을 제시하자는 움직임까지 일었었다.

"체육을 모두 좋아하는 건 아니잖아요. 초등학교 때부터 바이올린을 해서 음악 수업은 좋았지만 1인2기로 매일 공부할 시간을 뺏기는 것 같

아 1학년 때는 좀 힘들었어요."

박 양은 그래도 어쩔 수 없이 1인2기로 요가와 필라테스를 선택했다. 하지만 처음에 억지로 시간 때우기로 참여했던 요가 수업은 어느새 생활의 일부분으로 자리 잡았다. 공부에 지쳐 있을 때마다 요가를 통해 위안을 받고 재충전하고 있는 자신을 발견했다.

"그냥 공부만 한다고 종일 앉아 있을 때보다 요가를 하고 나면 피로가 풀리는 것을 몸으로 느꼈어요. 요가를 끝내고 다시 책상 앞에 앉으면 집중력도 높일 수 있었어요. 그때 알았죠. '이래서 1인2기를 시키는구나' 하고요. 3학년 2학기 때는 의무가 아니라 자율 신청이었는데 입시에 대한 스트레스를 관리할 겸 스스로 참여하지 않을 수 없었어요."

한편, 박 양은 동아리 활동으로 인근 지역 학생들에게 공부를 가르쳐 주는 '공부의 신' 활동을 했다. 박 양은 그때 만난 한 중학생과 깊은 인연을 맺었다. 박 양이 공부를 가르쳐 주던 아이는 요리사가 되는 것이 꿈이었다. 그래서 조리사 자격증 시험에 계속 도전했으나 필기에서 낙방을 거듭했다. 박 양이 식품영양학, 위생 등과 관련된 내용을 그 아이에게 가르쳐 줄 수는 없었다. 하지만 학습 성과가 좋지 않은 그 아이를 위해 공부하는 법을 가르쳐 주고 합격까지 공부 관리를 자신이 해줄 수 있다고 생각했다.

"조리사 자격증 시험 대비를 제가 가르쳐 줄 수는 없잖아요. 하지만 매주 어디까지 공부하도록 하고 테스트를 해줬어요. 단지 공부를 도와준 거죠. 1년 넘게 멘토링하면서 어려운 집 이야기도 나에게 들려주고 이런 저런 고민 있을 때마다 저에게 상담하며 저를 의지했어요."

결국 그 아이는 조리사 자격증 필기시험에 합격하고 둘은 얼싸안고 함께 기뻐했다. 이런 성과에 힘을 얻은 그 아이는 더 나아가 요리전문고등학교 진학까지 꿈꾸게 됐다. 박 양도 성심성의껏 그 친구의 진학을 위해 내신 공부를 도왔지만, 결과는 아쉽게도 좋지 않았다. 그렇게 함께 공부하던 그 아이와는 몇 년이 지난 지금까지도 자주 연락을 주고받으며 이제는 공부 외에도 박 양이 인생선배 역할을 하며 자주 이야기를 나눈다고 한다.

영어 캠프를 기획하고 협찬을 받아내다

박 양은 '공부의 신' 동아리 부회장이었다. 동아리 활동에 큰 의미를 부여하던 박 양은 방학 때 좀 더 의미 있는 활동을 기획해 봤다. 인근 지역 저소득층의 아이들을 위한 2박3일 영어캠프를 여는 것이다. 보통 영어캠프는 돈이 많이 들어 이 아이들에게 실질적으로 참여 기회가 많지 않다는 것을 알게 됐기 때문이었다.

4명의 동아리 친구들과 모여 이 행사를 하나씩 기획해 나갔다. 학교 측으로부터는 장소만 지원받을 뿐, 학교 차원의 공식 행사는 아니었다. 그래서 동아리 친구들은 자체적으로 모든 것을 진행했다. 우선 행사 기금을 마련해야 했다. 그래서 행사 취지를 담은 기획서를 만들어 각 기업에 보냈다. 막연한 일이었지만 4명이서 적극적으로 매달리다 보니 협찬하겠다는 기업이 나왔다. 더불어 한 교육기업에서 교재를 지원하겠다는 약속도 받아냈다.

평소 자신들이 가르치던 아이들을 모두 영어캠프에 부를 뿐 아니라, 학교 측의 협조를 받아 여러 중학교에 영어캠프에 대한 공문을 발송해 참가 학생을 모집했다. 결국 성공리에 행사를 치렀다. 박 양은 고교 시절 동안 가장 보람 있고 잘했다고 생각하는 일로 이 행사를 꼽는다.

"하나의 아이디어부터 시작돼 일을 추진해 나가고 외부 기업의 참여를 유도하는 등 일이 진행되면서 추진력을 배우고 성취감을 느꼈어요. 공부하면서 느낀 그것과는 완전 다른 의미였죠."

지피지기 백전백승

서울대 국문학과로 진학 목표를 세운 박 양은 만반의 준비를 했다. 중학교 때부터 가졌던 목표와 활동은 하나고에서 날개를 달고 더욱 강화됐다. 내신뿐 아니라 다양한 독서 및 글쓰기, 학보 기자 경력, 공부의 신 활동까지 박 양의 자소서는 누가 봐도 화려하고 관심이 가는 수준이었다. 그래서 어느 정도 수시전형 합격에 자신을 가졌다. 면접만 문제없이 치러내면 된다고 생각했다.

수시전형 1차 합격자 발표가 나고 난 후 본격적으로 면접 준비에 나섰다. 면접까지 단 1주일의 시간이 있었기 때문에 하루에 2번씩 모의 면접을 진행했다. 조별로 모의 면접관 앞에서 다양한 질문에 답했고 이를 카메라로 촬영해 저녁 때면 문제점에 대한 논의를 했다.

그리고 서울대 수시전형 면접장에 섰다. 첫 번째 관문에서 국한문 혼용체의 상소문이 나왔다. 조선시대 과거를 통한 인재등용의 폐단을 말하고 서인이 입신양명하는 데 한계가 있음을 지적하는 상소문이었다. 이 상소문을 읽은 후 면접관의 질문은 이것이었다.

'현대 사회에도 이러한 문제가 현존하는가. 그렇다면 이를 어떻게 해결해야 하는가.'

이 질문에 대해 논리적으로 자기 생각을 펼쳐 나갔다. '현대 사회에서 일반적인 입신양명은 대기업에 취직하거나 고시 합격을 하는 것인데 두 가지 모두 재력이 바탕이 돼야 접근성을 높일 수 있다'는 취지로 이야기를 풀어 나갔다. "좋은 스펙을 쌓거나 수년간 고시 준비를 하기 위해서는 재력의 뒷받침 없이는 현실적으로 힘들다", "간혹 어려운 상황에서 고시

에 합격한 인물이 회자되지만 이는 아주 드문 경우이고 그렇기 때문에 기사화되는 것" 등의 논거를 이어 나갔다.

그러자 다음 질문이 이어졌다. '이런 문제를 담고 있는 문학 작품이 어떤 것이 있는가'였다. 면접관이 이 질문을 마치기도 전에 박 양은 속으로 쾌재를 불렀다. 이미 모의 면접을 하며 비슷한 질문에 대해 답하고 수정을 거쳐 전략을 마련해놨기 때문이다. 박 양은 '입신양명에 신분적 제약'하면 모든 수험생이 《홍길동전》을 답할 거라 생각했다. 누구나 답할 수 있는 답변으로는 승부수가 없기 때문에 거기서 한 발 더 나아간 답변을 모의 면접 때 준비해 놨었다.

그래서 답변은 기본적으로 《홍길동전》을 살짝 언급한 후 주로 현대 문학 중 《난장이가 쏘아올린 작은 공》의 내용을 설명했다. 이미 준비했었던 답변이었지만 면접 중에 방금 떠올린 듯 이야기하는 재치도 발휘했다.

서류와 면접에서 흠잡을 데 없이 철두철미하게 준비를 했던 박 양은 큰 어려움 없이 서울대 국문학과의 합격 통지를 받았다. 대학 입학 후 한 학기를 보낸 2013년 현재 박 양은 대학 적응이 어렵지 않다고 말한다.

> "오히려 대학의 리포트가 하나고 때보다 더 쉬워요. 책을 읽고 감상문만 쓰면 돼요. 하나고 수업 때는 '작가를 인터뷰 하는 식으로 써와라', '두 작품을 비교 분석해라' 등 까다로운 것들이 많았거든요."

박 양은 앞으로 언론정보학과를 복수전공 할 생각을 하고 있다. 문학
평론가에 대한 꿈이 변한 건 아니지만 기자 진로도 한편으로 생각하고 있
기 때문이다. 진로와 관련해 여러 가능성을 열어 두고 있지만 자신이 의
도하고 원하는 것에 박 양은 한 걸음 한 걸음씩 넓은 보폭과 빠른 걸음으
로 다가가고 있었다.

PART 4

교양 및
인성의
성장

지덕체보다 체덕지로

"외국어 한 개쯤 할 줄 알고, 스포츠를 즐겨야 하며, 다룰 줄 아는 악기가 있어야 한다."

조르주 퐁피두 전 프랑스 대통령이 공약집에서 제시한 '프랑스 중산층'의 기준이다. 문화 소비와 삶의 질을 강조하고 있다. 퐁피두 전 대통령의 공약집엔 또한 '약자를 도우며 봉사활동을 꾸준히 해야 한다'는 내용까지 포함하고 있다. 경제적 요소를 완전히 배제한 것은 아니지만, 경제 여력에 기반한 문화적 향유 능력을 더 중시한 것이다. 프랑스 사회학자 피에르 브루디외는 중산층 조건으로 전문직 종사자와의 친밀성, 고급스러운 취미를 꼽기도 했다.

이에 반해 한국 사회의 중산층의 기준은 어떠한가. '30평대 아파트와 중형차, 500만 원 이상 월급.' 이것이 바로 한국의 중산층을 정의하는 통설 가운데 하나다. 먹고살기 정신없었던 고성장시대의 한국 사회 기준은 그러했지만, 앞으로는 다를 것이다. 중산층 및 사회 지도층으로서 성장할 인재들은 먹고살 수 있는 전문 능력 외에도 프랑스 중산층처럼 취미와 봉사활동의 덕목이 요구되고 있다. 청소년 시절부터 쌓은 교양과 인성은 여러 스트레스 상황을 극복하는 데 큰 도움이 되는 것으로 알려져 있다. 더불어 세계인으로서의 품격을 갖추는 데도 필수적이라 할 수 있다.

하나고는 체덕지體德知를 갖춘 글로벌 리더 양성을 목표로 한다. 지덕체가 아닌 데서 알 수 있듯이 체육과 인성의 가치를 중요시한다. 그 이유는 체와 덕이 갖춰져야 지를 완성할 수 있다는 논리다. 하나고는 단순히 체육 과목을 커리큘럼에 많이 포함시키는 것이 아니다. 체덕지 가치 추구의 일례로 수영을 필수과목으로 채택해 졸업 전까지 200m 완주 능력을 쌓도록 하는 수영인증제를 실시하고 있다. 영국의 명문 학교 이튼스쿨 학생들이 템스 강을 수영해 건너는 전통과는 조금 다르지만 그만큼 체육에 큰 가치를 부여한다는 의미다.

예체능을 강조하는 고교로서 하나고가 유일한 것은 아니다. 민족사관고, 청심국제고, 용인외고, 상산고 등에서도 다양한 예체능 프로그램을 발견할 수 있다. 하지만 하나고처럼 공격적으로 예체능 활동에 많은 의미와 비중을 두고 있지 않고, 입시에 밀려 다소 비중을 줄인 학교도 있다. 기본적으로 예체능을 커리큘럼의 영역으로 적극 끌어들여 그 비중을 혁신적으로 높이고 재학 3년간 지속적으로 활동하게 한 것은 하나고의 과감한 개혁이라고 볼 수 있다.

서울대, 고려대, 연세대 입학 실적 상위권 고등학교 간 체육시수 비교

순번	학교	서울대 (명)	연세대 (명)	고려대 (명)	인원 (명)	비율	비고	구분		체육	
										시수(주당)	필수/선택
1	ㅇㅇ고	57	77	68	202	56.1%		정규수업	1학년	2	필수
									2학년	1	필수
									3학년	1	필수
								방과 후 또는 자율프로그램		토요스포츠 클럽(1)	1, 2학년 선택
2	하나고	46	18	42	106	53.0%	1기 졸업	정규수업	1학년	2	필수
									2학년	4	선택
									3학년	4	선택
								방과 후 또는 자율프로그램		1인2기(2), 토요스포츠	전교생 필수
										클럽(1)	전교생 선택
3	ㅇㅇ외고	36	94	56	186	44.3%		정규수업	1학년	2	필수
									2학년	·	·
									3학년	2	필수
								방과 후 또는 자율프로그램		·	·
4	ㅇㅇ외고	14	70	45	129	40.3%		정규수업	1학년	2	필수
									2학년	2	필수
									3학년	1	필수
								방과 후 또는 자율프로그램		방과후(1)	1학년필수, 2·3학년 선택
5	ㅇㅇ고	42	3	17	62	37.6%		정규수업	1학년	2	선택
									2학년	2	선택
									3학년	2	선택
								방과 후 또는 자율프로그램		방과후(2)	전교생 선택

6	ㅇㅇ고	10	18	20	48	32.0%	정규수업	1학년	1(창체)	필수
								2학년	1	필수
								3학년	1	필수
							방과 후 또는 자율프로그램		방과후(2)	1학년 필수

자료:하나고

동아리 활동도 다양하다. 특히 다양한 학술 동아리는 대학만큼이나 수준이 상당하다. 경제·경영 동아리부터 무대공연 기획 동아리, 영어토론반, 통일준비위원회, 일본 교류까지 다양하다. 또한 주말이면 인근 지역 빈곤층 중학생 자녀의 공부를 돌봐주는 '공부의 신' 등 봉사 동아리와 하나필하모닉, 영어연극부 등 예·체능 동아리가 활발하다.

숨통을 틔우다

●   일반적 학부모의 전형적인 사고로는 고교시절은 공부를 위한 시절이고 학습이 주목적일 것이다. 다른 것은 부수적일 뿐이다. 하지만 실제 고교생들의 생각은 다르다. 고교시절에 중요한 가치는 공부만큼이나 아니면 그 이상으로 다른 과외활동이나 친구 등이 차지한다. 어른들과 고교생의 생각의 차이가 큰 만큼 의견대립과 갈등 등 여러 문제가 발생하기도 한다.

성인이 되기 바로 전단계인 고교시절, 발달의 과정에서 고등학교 시절은 신체적인 성숙이 완성되고 대인 관계가 넓어지며 관심의 영역이 밖으로 확대되는 시기다. 공부 외에 다른 여러 가지 세상이 있다는 것을 알면서 간혹 이쪽으로 심취해 공부를 게을리하는 아이들을 우리는 쉽게 접할 수 있다. 자칫하면 TV, 연예인, 컴퓨터 게임, 이성 친구, 술 등을 탐닉하며 부정적인 방향으로 빠질 수도 있다.

비교과 영역을 하나고는 공교육의 영역으로, 그리고 교양을 키우는 긍정적인 방향으로 범위를 한정시켰다. 하나고 학생들은 학업뿐 아니라 1인2기, 동아리 활동 등으로 다방면의 지식과 소양을 쌓는 것으로 학습 스트레스를 날려 버린다. 치열한 공부 속에서 숨통을 틔워 주는 것이다. 그리고 하나고 울타리 안에서 공부를 하고 자기 꿈을 키울 뿐만 아니라 여가를 예체능, 동아리활동에 집중하는 동안 외부의 때나 유혹은 파고들지 못한다.

최근 국내 교육계가 주목하는 유럽의 공교육은 감성교육에 중점을 두고 있다. 예체능은 이런 감성교육에 중요한 밑거름이 된다. 예체능 교육을 통해 아이들의 다른 학습능력의 동반상승 효과를 노릴 뿐만 아니라 예체능을 접한 아이는 삶을 보다 아름답게 설계해 가는 정서적인 밑바탕과 심미안을 갖게 된다.

구체적으로 알지 못했던 예체능의 효능

●   창의력 계발은 우리 시대의 교육적 과제로 요구되고 있는 키워드다. '기초 능력을 토대로 창의적인 능력을 발휘하는 인재'는 어떤 기업이든, 단체든 원하는 이 시대의 인재상이다. 세계적인 베스트셀러 《생각의 탄생》 공동 저자인 과학자 로버트 루트번스타인, 역사학자 미셸 루트번스타인 부부Robert and Michele Root-Bernstein의 이야기[1]를 통해서 창의성 교육의 실마리를 찾을 수 있다.

"21세기는 창의적 상상력에 대한 새로운 관심을 요구한다는 명제로부터 시작합니다. 지구 온난화, 기아, 빈곤, 체제적 불의, 질병 등 복합적이

---

[1]   루트번스타인 부부의 2010년 유네스코 세계문화예술교육대회의 기조연설 중에서

면서 고치기 힘든 문제를 해결하기 위해 경제, 정치, 문화적 분야에서 지식과 노하우를 '새롭게' 조합할 수 있는 사상가와 행동가가 필요합니다. 전통적 전문성, 전통적 훈련으로는 더 이상 충분치 않습니다.

… 중략 …

우리는 상상력과 창의성을 위한 교육을 시행해야 하며, 이를 위한 핵심 열쇠는 예술에 있습니다. 예술은 모든 문화에 걸쳐 창의적 실천의 중심에 있어 왔고, 앞으로도 그럴 것입니다."

그러나 우리 교육에서 이제까지 창의성 계발을 위한 프로그램은 딱히 내세울 만한 게 없었다. 체덕지를 표방하는 하나고에서 우리 제도 교육이 놓치고 있는 창의성과 인성 교육을 '1인2기' 수업방식을 통해 살려 내고 있는 것은 아닌가 하는 생각이 든다.

창의력이란 것이 눈에 잘 보이지 않고 점수화하기 힘든 것처럼, 창의성 교육 및 훈련도 예체능 활동 안에 내재적으로 숨어 있다. 입시교육에서 전인교육으로 서서히 교육의 목적과 트렌드가 변화하는 이때, 예체능 교육을 주목해야 하는 이유가 여기에 있다. 하나고의 1인2기는 기존에 이론 중심이었던 예체능 교육을 넘어, 실제 예체능 활동에 적극적으로 참여하는 것을 기본으로 한다. 스포츠 참여, 악기 연주 및 합주, 그리고 미적 체험과 창작이라는 일련의 활동이다. 이런 활동이 구체적으로 어떤 효용을 갖고 있는지 유럽의 예체능 교육 효과[2]를 참고해 살펴보자.

1 | 스포츠 참여

우선 스포츠 참여는 운동 기능 이외에도 참여, 전술, 표현 및 창작, 체력, 구성 등에서 효용을 얻는다. 인지적 영역에서도 지식 이해 및 활용뿐 아니라 신체 언어 능력, 분석력 및 문화비평 능력, 심미력, 문제 해결 능력 등의 다양한 차원과 수준의 지식이 요구된다. 더불어 사회적, 문화적 영역에서 팀워크, 스포츠맨십, 타인배려, 리더십, 자기관리, 신체 및 건강 문화의 가치 판단 등 다양한

2 〈2009 개정 교육과정에 따른 교과 교육과정 개선 방안 연구〉 한국교육과정평가원

교육 내용을 포함하고 있다.

특히 이 중 창의력, 인성 영역의 발달을 주목할 만하다. 영국의 체육과 교과과정을 살펴보면, 4가지 핵심 개념 중 하나가 창의성 교육이다(표9 참조). '효율적이고 효과적인 결과를 내기 위해서 기법, 전술 및 구성적 아이디어를 탐색하고, 그것을 직접 실행하기'에서 스포츠는 가장 효과적인 방법으로 여겨진다.

영국 체육과 교육과정에서 제시하고 있는 창의성과 관련해 문제해결력(전술적 창의력), 독창성(심미적 창의력), 수렴적/확산적 사고력의 구성요소를 갖고 있다. 스포츠에 참여하면서 동료에게 패스할지 슛을 할지 빠른 시간에 의사결정을 하며 전술을 활용한 창의력을 계발하고 다양한 움직임 속에서 기본 요소인 공간, 시간, 힘을 변화시키며 창의적으로 표현하는 심미적인 태도를 가질 수 있다. 더불어 스스로의 사고를 통해 운동 능력을 배양시키는 방법을 찾음으로써 창의성을 확대한다.

〈표9〉 영국의 체육 교육 핵심 개념

능 력	-전신 기술 및 정교한 조작 기술을 조절하는 능력 키우기 -여러 유형의 신체 활동에서 효과적으로 기술, 전술 및 구성적 아이디어를 선택해 이용하기 -친숙하거나 낯선 여러 상황에 적응하기
수 행	-능력 요소들이 어떻게 결합되는지 이해하고, 효과적인 결과를 내는 데 능력 요소들을 적용하기 -성취해야 하는 목표가 무엇인지 파악하고 이해하며, 얼마나 목표 달성이 잘되었는지 비판적으로 평가하고 개선 방법 찾기 -개인 혹은 팀 구성원으로 수행할 때 조정 및 적응하는 방법 알기

창 의 성	−아이디어를 표현하고 전달하며, 문제를 해결하고 어려움을 극복하기 위해서 상상력이 풍부한 방법 사용하기 −효율적이고 효과적인 결과를 내기 위해 기법, 전술 및 구성적 아이디어를 탐색하고 그것을 갖고 실험하기
건강하고 활동적인 라이프스타일	목적에 적합하고 안전하며 재미있는 규칙적 신체 활동은 신체, 정신 및 사회적 웰빙에 가장 큰 영향을 미친다는 사실 이해하기

2 | 악기 연주 및 합주

음악 교육은 창의력, 문제해결능력, 의사소통능력, 정보처리능력, 대인관계능력을 향상시킨다. 영국의 음악과 교육과정에 제시된 목적과 중요성을 보면, 음악은 학생들이 느끼고 생각하고 행동하는 방식에 변화를 줄 수 있는 특별한 의사소통 형식으로 정의하고 있다. 음악과의 긍정적인 상호교류는 학습자로서의 학생들의 능력을 계발할 수 있고 자존감을 향상시킨다. 지적 능력과 감정을 연결해 개인의 표현, 성찰, 정서 발달을 돕는다는 것이다. 독일 함부르크 음악과 교육과정에 제시된 목적도 이와 비슷하다(표 10 참조).

〈표10〉 독일 함부르크 음악과 교육과정 목적

인지 능력과 듣기 능력	음악수업은 학생들의 모든 경험 세계, 특히 음악의 연관성, 세부사상, 뉘앙스를 받아들일 수 있는 감각적인 인지 능력을 기른다. 음악 수업은 심미적인 이해와 경험과 창의성의 기본원리를 가르친다.
지각 능력과 체험 능력	음악의 표현과 영향에 대한 토론은 음악수업에서 지각능력과 체험능력을 기르며 음악에 대한 감정적 연계를 형성한다. 이를 통해 감정이입을 형성하고 학생들의 감성적인 발달에 기여한다.

합주, 합창능력	합창과 합주는 모든 학생에게 내재된 음악적 관심을 실제 활동으로 일깨우고 심화시킨다.
상상력과 표현능력	음악 수업은 연상, 환상, 즉흥적인 활동을 장려한다. 스스로 창작하려는 시도를 격려하며 적합한 도움을 제공하는 가운데 창의적인 학습과정을 시작한다.
공연 능력과 창작 능력	집중적인 활동과 공연, 해석, 음악 꾸미기 능력을 강화해 편협한 성향을 지양하도록 도와준다.
음악을 통한 의사소통 능력	학생들의 언어적 표현 능력을 발달시켜 학생들은 다른 사람 말에 귀기울이며 서로 이해하는 법을 배운다.
음악해석 능력	음악을 깊이 이해하는 법을 배운다. 음악을 역사적인 맥락에서 이해하고 현재의 공연형태와 기능을 인지한다.

3 | 미적 체험과 창작

국내에서 미술 교육은 유아기, 아동기를 지나면 등한시 되는 경향이 강하다. 하지만 최근 사회문화적 필요성으로 중·고교생에게도 미술 교육을 시켜야 한다는 중요성이 논의되고 있다. 세계화 시대에서 미술 교육은 비판적 안목의 계발, 자신의 정체성 확립, 다양한 문화에 대한 이해와 배려를 배우는 사회적 역할을 한다. 미국 컬럼비아대 티처스 칼리지의 명예교수, 링컨센터 예술교육 연구소Lincoln Center Institute의 상주 철학자 맥신 그린Maxine Greene은 삶에서의 창의력, 상상력의 훈련으로 '미적 교육Aesthetic Education'을 제안해왔다.

그는 미적 교육의 목적을 '의미를 추구하는 신선한 지향성'이라고 규정했다. 이는 미술 교육이 일상성과 상투적인 반응에서 벗어나는 힘, 사물의 다양성과 형식을 이해하는 능력, 경험과 자유의 확대에 이름을 의미한다.

미국 예술교육기관인 링컨센터 예술교육 연구소에서는 미적 교육을 위해 예술작품 만들기, 질문하기, 반성, 맥락적인 정보 및 연구의 4가지 핵심 요소로 프로그램을 구성한다. 그리고 교사들이 미적 교육을 할 때 활용할 수 있는 '상상력 계발을 위한 미술 교육 역량'을 제시했다.

〈표11〉 미국 링컨센터의 상상력 계발을 위한 미술 교육 10가지 역량
(The Capacities for Imaginative Learning)

Deeply Noticing	깊이 있게 관찰/발견하기	작품과의 계속되는 상호작용을 통해, 예술작품의 세부 양식의 층과 연구의 다른 목적을 발견하고 명료하게 하기
Embodying	경험하고 구현하기	감각과 감정을 통해 예술작품이나 학습의 다른 목적을 경험하고 그 경험을 눈에 보이는 형태로 또는 물리적으로 나타내기
Questioning	질문하기	자신의 학습을 진전시키는 탐구를 통해 질문하기, '만약에… (What if)라는 질문하기
Identifying Patterns	반복되는 유형찾기	관찰하여 발견하고 그들을 그룹으로 묶고 패턴을 인식하는 세부 사항들 사이에서 관계성 찾기
Making Connection	연관성 형성하기	학생이 발견한 것과 본 패턴들을 이전의 지식과 경험, 다른 사람들의 지식과 경험, 텍스트와 멀티미디어 자료들에 연결하기
Exhibiting Empathy	공감대 나타내기	커뮤니티에 있는 사람들의 다양한 인식을 존중하기, 다른 사람의 경험을 감정적, 지적으로 이해하기
Living with Ambiguity	모호성 인정하기	이슈가 하나 이상으로 해석되고 모든 문제가 한 번에 분명한 해답이 나오지 않는 것을 이해하고 결과가 분명해질 때까지 인내심 갖기
Creating Meaning	의미 창조하기	이전의 역량을 기초로 스스로의 해석을 만들고 커뮤니티에 있는 다른 사람들의 관점에서 이러한 해석들을 보며 그것을 통합해 자신의 목소리로 표현하기
Taking Action	실행하기	탐구에서 배운 것을 통합해 너무 쉽지도 위험하지도 어렵지도 않은 방법으로 새로운 아이디어, 행동, 상황을 시도하기
Reflecting & Assessing	반성, 평가	배운 것을 복습하고 계속 평가하고 어떤 문제가 남아 있는지 평가, 확인하고 어떤 것을 더 배워야 하는 평가, 확인하기

비교과과정의 입시 영향력 증대

● 교육의 메카로 알려진 강남 대치동 엄마들은 이미 오래 전부터 예체능 교육의 중요성을 인식하고 비교과 활동을 어릴 때부터 적극적으로 준비시켰다. 이는 교과 공부 이외의 활동을 일컫는 '창의적 체험활동'으로 통합된다. 창의적 체험활동은 '진로활동, 자율활동, 동아리활동, 봉사활동, 방과 후 학교활동' 등으로 나눌 수 있다. 기존의 학교생활기록부를 교사가 입력했다면 창의적 체험활동 기록은 학생이 비교과 활동을 한 후 교육부의 창의적 체험활동 종합지원시스템인 '에듀팟(www.edupot.go.kr)'에 접속하여 개인 페이지에 들어가 자신이 활동한 내용과 소감 등을 직접 글과 사진으로 기록한다.

지난 6년 전부터 점차 확대되어 온 '입학사정관제'가 새로운 입시제도의 핵심으로 떠오르면서 학교생활기록부의 중요성이 갈수록 높아지고 있다. 또한 2011년 교육과학기술부(현 교육부)가 중·고등학교 내신 성적을 기존의 상대 평가에서 절대 평가로 전환한다는 움직임을 보이면서 교과 영역 외에 비교과 영역의 내용이 입시에서 당락을 좌우할 만큼 중요해졌다. 따라서 입학사정관들이 '비교과 영역의 종합편'이라 할 수 있는 창의적 체험활동을 집중 분석하게 될 것으로 입시 전문가들은 전망하고 있다.

입학사정관제를 도입하고 비교과활동의 비중을 높이는 등 정부 교육 정책은 입시교육에서 전인교육으로 전환을 꾀하고 있다. 기존 입시·교육제도가 하루아침에 바뀔 수는 없지만 정부는 교육정책의 방향을 바꾸는 시도를 하고 있고, 대학도 선발기준에서 이를 적극 수용하고 있다. 서울대를 포함한 주요 대학들이 수시전형의 비중을 확대하고 그동안 복잡하고 혼란스러웠던 전형을 간소화하는 데서 변화를 읽을 수 있다.

반면 고등학교 공교육이 이 변화를 수용하는 데는 꽤 시간이 소요될 것으로 보인다. 하나고는 4년 전 설립 당시부터 교육패러다임의 변화를 십분 반영해 비교과과정의 비중을 높여 설계됐지만, 일반 고교가 기존 입시 위주의 교육 방식을 갑자기 바꾸는 것은 만만치 않은 작업이기 때문이다.

'1인2기'는 어떻게 진행되나

●   1인2기는 한 학생이 체육 한 가지, 음악과 미술 중 한 종목을 선택해 3년 동안 수강해야 한다. 1, 2학년 때는 필수며 입시 준비로 바쁜 3학년은 선택적으로 할 수 있다. 체육과 음악/미술을 각각 주 2회씩(월금, 화목) 주 4회 오후 4시 20분부터 5시 50분까지 1시간 반 동안 참가해야 한다. 만일 1인2기 활동에 수업시수의 70%를 채우지 못한 경우, 생활기록부에 1인2기 활동 상황을 기재할 수 없다. 평가는 담당강사가 정하는 인증 기준을 넘어야 하며 이를 학교당국의 인증 기준으로 A, B, C등급으로 나누어 기재한다. 매 학기가 끝날 때는 1인2기 발표회가 있어 그 기량을 가늠한다. 하나고 학생들은 평가 등급을 잘 받기 위해서라기보다는 발표회 때 친구들 앞에서 실력을 뽐내기 위해 더욱 열심히 매진한다.

종목은 학생들이 평소 배우고 싶어 했거나 흥미를 가질 만한 것들로 채워져 있다. 체육 종목은 기본적으로 골프, 테니스, 축구, 수영, 농구, 탁구, 검도, 배드민턴, 요가, 필라테스, 복싱 등이다. 학생들이 K-POP댄스를 좋아하는 것을 수렴해 최근 방송 댄스도 신설했다. 방송 댄스 참가자들은 후에 학교 행사에서 응원단으로도 활동할 수 있다. 그리고 3학년의 경우 부담 없이 건강관리를 할 수 있도록 달리기, 자전거, 하이킹, 등산 등에 참여하는 에코스포츠 종목도 마련됐다. 또한 여학생의 체육 참여를 높이기 위해 여학생 전용 농구, 넷볼 종목이 따로 있다. 축구나 수영, 골프 등 하나고 내 시설이 없는 종목은 은평구민체육센터 등 인근 시설을 이용해 수업을 진행한다.

음악 강좌는 피아노(클래식, 재즈실용), 기타(통, 일렉, 클래식, 일렉베이스, 더블베이스) 뿐만 아니라 플루트, 클라리넷, 드럼, 바이올린, 색소폰, 첼로, 트럼펫, 오보에 등 서양악기, 거문고/대금, 사물놀이 등 전통 악기, 그리고 밴드 활동으로 구성돼 있다. 최근 보컬 트레이닝, 합창을 포함하는 보컬앙상블과 오케스트라 활동의 완성도를 높이기 위해 호른/튜바 강좌도 만들어졌다.

미술의 경우 입체조형, 그래픽디자인, 사진, 서양화, 서예·동양화, 판화 드로잉, 서양화 등의 강좌가 마련돼 있다. 매 학기 미술 강좌를 통해 창작한 미술작품은 교내 홀에 전시될 뿐 아니라 외부 하나금융그룹 본사 등에서도 전시회를 갖는다.

하나고 1인2기 종목

음악		체육		미술
클래식 피아노	해금	배드민턴	골프	입체조형
재즈실용피아노	드럼	검도	수영	그래픽디자인
보컬앙상블	바이올린	탁구	복싱+헬스	사진
플루트	사물놀이	농구	테니스	서양화
통기타	색소폰	농구/넷볼(여)	–	서예동양화
일렉기타	첼로	축구	–	판화/드로잉
클래식기타	거문고/대금	필라테스	–	서양화
일렉베이스기타	트럼펫	요가	–	–
더블베이스	오보에	방송 댄스	–	–
클라리넷	밴드	에코스포츠	–	–

1인2기의 실력을 정식으로 뽐내는 발표회가 있지만, 매주 금요일이면 교내 햇살마당 광장에서 미니 콘서트가 열린다. 인기아이돌 그룹의 커버댄스부터 밴드 공연, 국악 공연까지 다채롭다. 작은 야외무대에서 공연을 하든 구경하며 즐기든 모두 모여 한 주 동안 쌓인 스트레스를 날려버리는 시간이다. 친구들과 선후배, 교사가 모두 모여 한바탕 즐긴다. 예체능 교육의 이점을 넘어서서 1인2기의 효용이 빛을 발하는 순간이다.

공부에 많은 시간을 투입하고 집중하는 만큼 어떻게 잘 쉬고 노느냐가 중요하다. 공부의 기술은 물리적 시간보다는 얼마나 집중하느냐가 관건인데 매일 있는 1인2기 1시간 반과 금요일 밤의 어울림으로 하나고 학생들은 재미있게 그리고 유익하게 재충전한다고 할 수 있다.

학생들이 말하는 1인2기의 효과

● 　　　하나고의 7교시가 끝나면 학교가 떠들썩해진다. 공차는 소리, 기합소리, 음악소리 등이 학교 여기저기서 울려 퍼진다. 1인 2기 수업시간이 아닌 자유시간도 마찬가지다. 운동장, 체육관, 헬스장에서 아이들이 운동실력을 뽐내고, 개인 연습실과 복도에는 음악소리가 가득하다. 학생들을 만나 하나고 생활을 물어보면 대답 중 많은 부분이 1인2기와 연관돼 있다. 하나고 1기 학생들이 졸업을 앞두고 써낸 〈하나고 1기 우리들의 이야기〉를 봐도 1인2기 도전기와 느낌이 많이 적혀 있다.

　하나고 학생들이 직접 말하는 1인2기의 효용성을 집약해 보면 다음과 같이 나눌 수 있다.

　첫째, 스트레스 관리다. 매일 7교시 수업까지 마치고 나면 학생

들은 이미 지쳐 있다. 방과 후 학습, 자율학습에 돌입하기 전에 배치된 1인2기 시간은 하루를 가장 효율적으로 이용하기 위한 '전환'의 시간이다. 체육, 음악, 미술 활동을 통한 뇌의 휴식시간이라고 할 수 있다.

"체육 활동은 체력을 키울 수 있게 도와주었고 스트레스도 풀 수 있게 해주었다. 특히 탁구를 배울 때가 가장 기억에 남는다. 수업이 끝나면 일찍 달려가 탁구대를 세우고 탁구 수업이 시작되면 친구들과 탁구 시합을 하기 바빴다. 서로 누가 잘하네 하며 가끔 벌칙도 정하고 게임을 하기도 했다. 어떤 애들은 이 시간에 몰래 숨어서 공부하는 모습도 보였는데 나는 그에 반대하는 바이다. 피할 수 없으면 즐겨야 한다. 1인2기를 통해 체력을 키우고 스트레스를 해소하면서 면학시간에 좀 더 공부에 집중할 수 있는 정신을 만들면 그것은 숨어서 공부하며 스트레스를 받는 것보다 훨씬 이득이라고 생각한다. 그래서 나는 그것을 실천했고 결과적으로 1인2기 음악과 체육은 나의 새로운 스펙으로서 나의 대입에 좋은 영향을 주었다고 생각한다."(하나고 1기 손수완)

1인2기는 지중해 연안 국가와 라틴 아메리카 등지에서 일의 능률을 높이기 위해 낮잠을 자는 시에스타와 비슷한 효과를 기대할 수 있다. 늦은 오후에 진행되는 1인2기를 통해 야간학습시간에 꾸벅꾸벅 졸거나, 억지로 책상에 앉아 시간을 멍하니 보내는 일을 줄일 수 있다. 하루 일과의 나머지 시간 동안 집중력을 다시 최대로 끌어올리기 위한 기분과 컨디션 전환점으로 1인2기는 적절하다. 뇌의 휴식과 신체 활동을 통해 인지능력을 끌어올리고 학업스트레스를 완화하는 과학적이고 지혜로운 활동이라고 평가된다.

하나고에서는 2학년생을 대상으로 체력지수(inbody 검사)를 실시했다. 그 결과를 살펴보면 실제 1인2기가 체력 증진과 학업 능력 향상에 효과가 있음을 알 수 있다. 학기 초인 3월에 비해 학기말 11월 검사에서 학생들의 키와 근육이 모두 증가하고 체중과 체지방은 줄어들었다. 건강 상태에 대한 척도인 평균 성장점수도 8개월 만에 0.5점이 증가했다.

우리가 더 주목할 부분은 건강과 성적의 상관관계다. 검사 결과(그래프 참조) 성장점수 상위 10% 학생들의 성적 평균은 50.35점인 반면 성장점수 하위 10%는 38.14점에 그쳤다. 즉, 하나고에서 건강 상위 그룹의 아이들의 평균 성적이 상대적으로 다른 아이들보다 높았다는 것이다.

2011년 하나고 체력지수 검사 결과(2학년 대상)

■ 성장점수 상위 10%
■ 성장점수 하위 10%

101.29

58.1

50.35

38.14

성장점수 평균   성적 평균

고교생의 일반적인 스트레스 요인은 학교 성적, 입시 부담, 불확실한 미래, 입시와 관련한 가족 불화, 가치관 혼란 등이다. 스스로 여러 문제를 해결해 나가기도 벅찬 청소년들이 스트레스를 긍정적으로 대처하기란 쉽지 않은 일이다. 하나고 학생들은 꼭 1인2기 시간이 아니어도 공부가 잘 안 되거나 답답한 마음이 있을 때 언제든 교내 체육시설을 찾아 해소한다. 스스로 스트레스 관리하는 법을 터득한 것이다.

김진성 하나고 교장은 1인2기의 효용에 대해 이렇게 말한다.

"공부의 시간량보다는 얼마나 집중하느냐가 중요해요. 집중력과 효율성을 위해 쉼이 필요하죠. 우리 교육의 문제점이 학생들이 쉬면서 할 게

없다는 점이에요. 운동능력, 연주실력, 창작 작품 등 개인별 목표가 설정
되고 이에 매진하는 것도 중요할뿐더러, 1인2기를 통해 학업과 잠깐 거
리를 두면서 공부를 더 효율적으로 할 수 있다는 생각입니다."

둘째, 공부하는 체력을 뒷받침한다. 공부는 마라톤과 같이 기나
긴 자기 자신과의 싸움이다. 하나고 학생들의 경우 하루 5~6시간
자며 공부와의 싸움에 고군분투한다. 아프거나 최상의 컨디션을 유
지하지 않으면 자기가 설정한 학습목표를 하나씩 이뤄나가는 데 차
질이 생긴다.

하나고의 1학년생들은 빡빡한 하루 일정에 많은 부담을 받는다.
더군다나 하루 1시간 반씩 있는 1인2기는 다소 체력을 소진하기 때
문에 힘겨워하기도 한다. 공부할 시간을 뺏긴다고 불평하는 아이
들도 있다.

실제 하나고 설립 초기에는 학생들과 부모들이 강하게 건의해 1인 2기를 줄이거나 폐지하자는 움직임도 있었다. 이런 어수선한 상황이 계속되자 학교 측은 2011년 가을 학부모를 모두 초청해 1인2기에 대해 설명하는 자리를 가졌다. 학교 측은 1인2기에 대해서는 확고한 신념을 갖고 있었다. 김승유 이사장과 김진성 교장이 이튼 칼리지의 예를 들면서 강인한 체력을 갖춰야 자성을 드높일 수 있다는 점을 강조했다. 이를 통해 어느 정도 불만은 잠재웠지만, 1인2기에 대한 학생과 학부모의 의구심이 모두 떨쳐진 것은 아니었다.

하지만 학생들이 2, 3학년이 되면서 1인2기 활동에 익숙해지자 원래 취지대로 효과를 보기 시작했다. 학생들은 피곤하고 무거웠던 몸이 어느덧 사라지고 체력적으로 성장한 자신을 발견한다. 하나고 1기 이화준 양은 "1학년 때는 아침 일찍 일어나는 것이 매우 힘든 일이었지만, 점점 몸에 익숙해지면서 알람 없이도 알아서 일어날 때가 늘었다"고 말한다.

셋째, 성취 욕구 증진, 지구력 발달이다. 1인2기는 매학기 인증과 발표회를 거쳐야 한다. 일종의 시험이라고도 볼 수도 있지만, 그보다는 단계별로 목표를 제시하고 어느 정도 실력을 쌓았는지 뽐내는 자리다. 인증이나 발표회 때문에 학생들이 또 다른 스트레스를 받는 것은 아니다. 오히려 발표회와 인증은 1인2기 활동과 그들의 고교 시절을 더욱 풍요롭게 해준다.

누구나 알 수 있듯이 예체능에서 어느 정도의 실력을 갖추기 위해서는 많은 연습과 시간이 투자돼야 한다. 악기를 연주할 때 잘 안

된다고 포기하는 것이 아니라 반복하며 연습해야 겨우 한 곡을 마스터할 수 있다. 운동도 마찬가지로 체력과 기술을 증진시키기 위해서는 많은 땀이 요구된다.

한 단계씩 실력을 쌓아가면서 학생들은 자연스럽게 지구력을 높이고, 다음 단계로의 도전을 시도하고 성공했을 때는 큰 성취감을 맛본다. 발표회는 교내 친구들, 교사뿐 아니라 학부모, 지역 커뮤니티의 청중 등을 대상으로 해서 무대에서 박수를 받을 때의 감동은 더 큰 동기를 부여한다.

"나는 베이스기타를 배웠다. 악기라곤 초등학교 때 피아노 쳤던 것이 전부였던 내가 과연 악기를 잘 배우고 잘 칠 수 있을지 걱정이 앞섰다. 그래서 더 열심히 배우고 연습했고 1학년 마칠 때 1인2기 발표회 무대에 설 수 있었다. 그때 합주하면서 느꼈던 짜릿함을 잊지 못해 친구들과 밴드를 결성했고, 1인2기 수업이 있는 날마다 저녁시간에 30분 정도씩 연습했다. 졸업하기 전 또 한 번 공연을 하고 싶었기 때문이었다. 결국 수능이 끝난 후 12월 교내 단독공연을 성공적으로 해냈고 이 공연은 고교 3년간 있었던 여러 일 중 나에게 가장 의미 있는 일이었다."(하나고 1기 김재현)

넷째, 교양과 기품의 기반이 된다. 스포츠, 음악, 미술에 대한 경험과 지식은 어느 사회의 어떤 계층을 만나 이야기를 나누더라도 공통 관심사가 될 수 있다. 특히 외국인과의 대화나 사회 지도층에

서의 교류일수록 공유할 수 있는 관심사를 찾기 쉽지 않다. 이때 학창 시절 몸에 체득한 검도나 수영, 기타연주 그리고 그림그리기는 좋은 화젯거리다. 교양을 가진 사람은 그 어떤 사람을 만나든 어떤 상황이든 다른 사람보다 우월한 기품을 자연스레 갖게 된다. 일과 돈에만 몰두하는 메마른 사람이 아닌 삶이 풍요로운 인물이 되는 데 1인2기는 보이지 않지만 큰 역할을 한다.

다섯째, 사교성과 사회성을 높인다.

"1인2기 발표회의 무대에 2번 정도 서게 되면 많은 사람들 앞에서 발표하는 것이 별로 떨리지 않는 정도가 된다." (하나고 1기 이화준)

"오케스트라 활동을 하면 단순히 연습을 위해 모였다가 헤어지는 것이 아니라 중간중간 쉬는 시간에 더 많은 친구들과 얘기를 나누면서 인간관계를 다질 수 있다. 또한 하나의 곡을 완성하는 데 시간이 많이 걸린다. 그래도 모두가 열심히 노력해 곡을 완성하면 다 같이 그 기쁨을 나누고 오케스트라 단원끼리는 더욱 가족과 같은 분위기로 친해지게 된다."(하나고 1기 손수완)

하나고 내에서 주변 아이들은 친구이자 공부에 있어서는 경쟁자다. 경쟁중심의 우리 사회가 그러하듯 하나고 내에서도 경쟁 때문에 비롯되는 질시, 반목, 갈등이 존재한다. 하지만 영재 학교나 일류 명문 학교에서 흔히 볼 수 있는 각박하고 메마른 모습은 하나고에서 찾아보기 힘들다. 오히려 200명 모두가 절친 같은 느낌이 강하다. 이는 하나고가 단지 공부만 하는 공간을 넘어서 1인2기를 함께 즐기는 공간이었기 때문에 가능했을 것이다. 1인2기, 동아리활동, 기숙사 생활 등을 공유하며 학업 외에 인간적인 교류를 많이 할 수 있었다. 특히 스포츠와 음악, 미술 등을 하며 팀워크와 우애를 다졌을 것이다.

더 나아가 하나고 졸업생들은 대학에 진학해서도 인기 스타가 되는 경우가 많다. 하나고 시절 배웠던 통기타, 농구실력 그리고 사진기술 덕분에 대학 MT에서 실력을 뽐낼 수 있었다. 덕분에 이성을 포함한 많은 친구들에게 호감을 사고 쉽게 친구를 사귈 수 있었다고 말한다.

72개의 다양한 동아리

● 　　　하나고의 가장 큰 특징과 차별성을 나열해 보면 독특한 커리큘럼, 1인2기 그 다음이 아마 동아리 활동이 될 것이다. 하나고의 동아리 활동은 커리큘럼이나 1인2기만큼이나 다양하기 때문에 학생들의 관심과 취미에 맞춰 선택의 폭이 매우 넓다. 학술, 봉사, 취미, 종교, 학교 지원의 카테고리로 총 72개의 동아리가 존재한다.

　기본적으로 어느 고등학교나 있는 기본 동아리가 학교 지원 카테고리로 묶인다. 신문반, 방송반, 영문매거진, 학교홍보동아리, 하나오케스트라 등이 있다. 그리고 학술 동아리는 정규수업 과정에서는 경험하지 못했던 심화 탐구 학습이라든지 각종 외부 대회 참가를 위한 준비를 할 수 있다. 학생들은 스스로 탐구하고 그 수

준을 높여 대학생의 활동 못지않은 지적 발전을 이뤄내기도 한다. 봉사동아리는 여러 봉사활동을 통해 이 사회에의 일원, 더 나아가 지도자가 되기 위해 필요한 덕성과 인성 등을 키워 나간다. 그 외에 국제교류, 취미, 종교 관련 동아리를 통해 사회에 대한 나눔의 의미를 알고 사회에 대한 시야를 넓혀 나간다. 하나고의 동아리 활동은 학교의 적극적 지원에 힘입어 다양한 분야에 열정을 가진 학생들이 모인 하나고 특성을 잘 보여주고 있다.

동아리 조직은 크게 창체(창의적 체험활동) 동아리와 비창체 동아리로 나뉜다. 창체 동아리는 학교에서 공식적인 활동이라 판단한 것이라 생활기록부에 입력이 가능하며 수요일 8, 9교시에 활동을 한다. 또한 창체 동아리 대부분이 학업적 성향이 강하고 전공과목과 관련이 많이 있다. 반면, 비창체 동아리는 비공식적인 활동으로 여겨 주말, 간식시간, 자습시간을 빌려 활동을 하는 동아리다. 비창체 동아리는 취미 활동과 봉사 활동을 위해 설립되는 경우도 많기 때문에 창체 동아리보다 그 종류가 더욱 다양하다.

2013학년도부터 학생들의 동아리 가입 가능 개수를 창체 1개, 자율 1개로 가입할 것을 권장하고 있다.

학생들의 무분별한 동아리 활동을 자제하고 자신의 열정과 역량을 한두 곳에만 집중할 수 있도록 하려는 것이다.

학생들의 다양한 아이디어와 관심에 따라 자발적으로 동아리를 설립할 수 있다. 이와 관련하여 하나의 일화가 있다. 지역의 빈곤층 학생의 학업을 도와주는 '공부의 신'은 한 학생의 아이디어에서 시작했다. 하나고 1기 한경섭 군은 설립동기에 대해 "전에 민사고 진학을 고려하던 때, 민사고에 교육기회가 적은 산골 초등학생을 가르치는 동아리가 운영된다는 것을 알게 된 후 직접 해보고 싶은 생각이 들었다"[3]고 한다.

한 군은 교내 동아리 부원을 모으고 시사종합사회복지관에 연락해 멘티가 될 중학생 연결을 부탁했다. 서울대 교육봉사 동아리에서 사회적 기업으로 거듭난 동명의 '공부의 신'에서 활동하는 대학생 선배들에게 동아리 개설을 알리고 도움을 요청했다. 학습지도 방법과 유의점 등 운영 전반에 대한 조언을 듣고 수업에 활용

---

3 〈베리타스 알파〉와의 인터뷰 중

할 수 있는 교안과 학습 자료도 받을 수 있었다. 또한 당시 하나금융그룹 회장이었던 김승유 이사장에게 편지를 보내 후원해줄 것을 요청했다.

　"회장님께. 미국 최고 사립명문인 필립스 엑시터 아카데미 학생들은 저소득층 학생들과 멘토·멘티를 맺어 사회 공헌을 하는데, 우리 학교도 본받아야 합니다. '공부의 신'이라는 동아리를 만들었는데 지원이 가능한가요?"

이 편지를 받은 김승유 이사장은 학교로 찾아와 버스대절, 간식비 등의 지원을 약속했다. 하나고 재단 측에서도 이러한 하나고 학생들의 사회 공헌을 주목하고 적극 지원에 나섰다. 하나고 '공부의 신' 동아리는 언론에도 몇 차례 소개되면서 교내의 인기는 높아졌다. 그리고 하나금융그룹의 사회공헌 CF에도 이 동아리가 소개되면서 하나고의 대표 동아리로 자리 잡았다.

고등학생 수준을 넘는 하나고 동아리

●   하나고의 여러 동아리 중 주목할 만한 몇 개의 활동을 들여다보자.[4]

1 | 경제 동아리

하나고는 하나금융그룹의 후원을 받아 운영되는 학교라는 특성이 있다. 때문에 교육과정에서 다른 고등학교들보다 경제교과의 비중이 높고, 경제학을 전문적인 수준으로 공부하거나 경제학에 관

---

4 〈하나신문〉 참고

심이 있는 학생들이 많다. 그래서 하나고에는 경제와 관련된 활동을 펼치는 동아리가 활성화돼 있다.

이코노미아(Economia)

이코노미아는 경제에 흥미를 가진 학생들이 단순히 교과서에서 지식을 얻는 데 그치지 않고 배운 것을 실생활에 적용해 보기 위해 만든 동아리다. 기본적인 경제 지식을 공유하기 위해 매주 2~3명이 각기 다른 주제를 가지고 발표를 하며, 나머지 동아리 부원들은 발표한 내용에 대해 여러 가지 질문을 하거나, 토론을 한다. 이런 활동 이외에도, 동아리가 추구하는 '모두가 즐길 수 있는 경제'를 행하기 위해 한 학기마다 두 개 정도의 팀을 만들어서 프로젝트를 진행한다.

FINEA

FINEA는 경제 스터디 그룹이다. FINEA는 현재 경제 논술 준비, 경제 신문 활용 수기NIE 작성, 경제 캠프 참가, 경제 포럼 참가, 그리고 증권경시대회, 경제경시대회 등의 각종 대회를 준비하고 있다. 구체적인 성과로는 예비경영대학캠프preMBA에서 단체상 2등을 수상했고, 증권경시대회에서 최상위권의 상을 받았다. 또한, 지역 사회에 기여하기 위해 HIFORUS Fund, 소액융자 대출 등의 프로젝트를 진행하고 있다.

HMEC

홈트레이딩시스템HTS을 이용한 주식 모의투자, 팀별 기업분석, 각종 경제교육 수강, 기업탐방 등이 주요 활동이다. 고려대학교 가치투자연구회 RISK와 연계해 활동하고 있는데, HMEC 동아리 부원들의 모의투자 결과분석, 기업분석 등의 결과물에 대해 RISK학생들이 멘토링을 해준다. 모의투자 경험을 넘어 동아리 멤버들을 여러 개의 팀으로 나누어 팀별 기업분석을 진행하고, 보고서를 작성해 그 결과물을 발표하는 활동을 하고 있다.

2 | 학술 동아리

법률, 심리학, 광고 및 미디어, 영어토론, 사회개혁운동, 고전 독서, 정치외교, 일본·중국 교류, 역사까지 학생들의 다양한 지적 호기심을 채워주는 활동으로 구성돼 있다.

동굴 속의 죄수들(철학 토론)

철학 동아리 '동굴 속의 죄수들'은 돌아가면서 철학 일기를 쓰는 활동을 시작으로 토론과 독서 활동, 진관사로의 철학 산책까지 이색적인 활동을 하고 있다. 플라톤이 말했던 '동굴 속의 죄수들'에서 이름을 딴 이 동아리는 '바깥 세상의 진실을 보겠다'는 목표로 다양한 철학 연구를 하고 있다. 고전을 통한 인격 수양과 세상을 보는 시야 넓히기의 효과를 추구한다.

하나노하나(일본문화)

일본어 동아리인 '하나노하나'(HANAのはな, '하나의 꽃')는 일본 문화에 관심을 갖고 있는 학생들이 모여 만든 동아리이다. 하나노하나는 일본에 대한 한국인의 선입견에서 벗어나 일본 문화의 진정성을 살펴보고 일본의 학생들과 교류를 하며 양국의 문화적 발전을 꾀한다. 학술제와 축제, 동아시아 심포지엄 등의 행사에서 활발한 활동을 해왔고 하나고를 방문했었던 일본 와세다 부속 고교 학생들과 펜팔도 한다. 더불어 일본에 빼앗긴 우리 문화재를 돌려받는 운동도 전개할 예정이다.

하나 로펌(법률)

자치 법정을 열어 학생들의 스트레스가 극에 달했을 때 소명서 작성을 돕는다. 학술제에 모의 법정으로 참여하면서 당시 학술제에서 이슈가 되기도 했으며, 현재는 '전국 연합 법 동아리LOL'의 활동 주체로 선정돼 있다. 전국적 규모의 모의법정대회와 법경시 대회 참여 등 왕성한 활동을 계속 하고 있다.

영어 토론 동아리

영어 토론 동아리는 현재 시사 이슈들에 대해 영어로 토론을 진행하며 시사문제에 대한 여러 의견을 공유하고 서로의 의견을 수용하는 법을 배워 나간다. 활동 방식은 신문기사를 통해 최신 이슈를 각자 제시하고 이에 대한 토론을 갖는다. 기숙사 학교인 하나고에서 외부 사회에 대한 관심을 놓지 않는 능동적인 활동이다. 학술제에서 영어 모의법정으로 참여해 수상하기도 했다.

하나 스토리(역사)

세계화가 진행될수록 우리 역사를 바로 아는 것이 중요하다는 시각을 가진 학생들이 모여 설립했다. 2인 1조의 한국사 논문을 작성하고 있으며, 역사적 사실을 담은 영화를 보며 토의를 하는 등의 활동도 하고 있다. 뿐만 아니라 한국사 검정 능력 시험도 목표로 하고 있으며, 세계사 연구로까지 활동 범위를 넓히고 있다.

3 | 과학 동아리

과학 인재들이 스스로 팀을 이뤄 각종 연구와 실험, 대회 준비를 한다. 수학·화학·물리 문제풀기, 과학실험, 뇌과학, 생물학, 융합과학활동 등에 관심있는 미래 과학 인재들이 참여한다.

STECH(공학)

공학 동아리 'STECH'는 미래 사회를 이끌어갈 이공계 선도 학생들이 모여 로봇 만들기, 창의 교구 컨텐츠 대회(고등학교용 과학

교구 개발 및 발표 대회) 참가 및 수상 등 다양한 활동을 하고 있다. 하나고 인근에 들어서는 한옥 마을과 관련해 한옥 마을에 관한 연구 및 개발, 다른 나라의 전통 주택과 비교 활동 등의 연구 활동을 했다.

SEROC 생물(바이오)

SEROC 생물은 생물, 생명, 의료 분야 등의 분야에 관한 각종 대회에 참가 추진을 하고 있다. 실제 바이오 분야의 최신 연구에 대해 자기주도적 공부 및 토의, 토론 등의 활동을 진행한다. 특히 '뇌과학' 연구에 깊은 관심을 가지고 깊이 있는 자기주도적인 학습과 분석, 연구, 관찰 등의 활동으로 자체 세미나를 갖는다. 한편 해부학 실험도 시도하고 있다.

MO수학동아리

'MO수학동아리'는 누구보다 수학을 좋아하고 수학에 흥미가 있는 친구들끼리 모여서 수학적 지식을 공유하기 위해 만든 동아리이다. MO수학동아리는 각종 수학경시대회를 대비하며 자기주도적 학습을 실시하고 있다. 그 결과 MO수학동아리원들은 전국수학경시대회(성균관 대학교 주최)에서 금상, 동상, 장려상을 수상했고, 한국수학경시대회KMC, 한국수학올림피아드 등에서도 우수한 결과를 냈다. 어려운 문제, 다른 친구들과 공유하고 싶은 문제를 각자 1개씩 모아 함께 문제를 풀어본다.

4 | 봉사 동아리

하나고는 봉사 동아리의 활동이 활발하다. 명사특강 시간에 바람의 딸 한비야의 '가슴 뛰는 일을 하라'는 주제의 초청 강연이 있은 후 우후죽순처럼 봉사동아리가 생겨났다. '공부의 신', '국립 소록도 병원 봉사 동아리', '들꽃향기', '쁘띠아띠', '인터랙트', '하나 글로벌 봉사단' 등이 있다. 이들 중 '하나월드비전'과 '키위하나'는 해외 빈곤가정의 아이들을 직접 돕는 활동도 하고 있다.

공부의 신

학교 전체 동아리 중 가장 큰 동아리다. 인원만 80명에 이른다. 은평구의 저소득층 학생들에게 영어, 수학 등을 가르치는 활동에 초점이 맞추어져 있다. 하나고 학생들 스스로가 멘토가 되어 저소득층 학생들에게 학습과 더불어 다양한 진로 상담을 해준다.

하나월드비전

이 동아리는 알바니아의 7살 소년 '에리온Erjon'을 지원했다. 월드비전 단체를 통해 매달 20명 정도의 회원이 1,000원에서 2,000원 정도를 기부해 정기적으로 돕는다. 하나월드비전은 단순히 기부금을 통해 돕는 활동 외에도 좀 더 체계적인 도움을 주기 위해 동아리 속에 장기적인 계획을 세우는 미래전략부, 편지를 번역하고 전달하는 번역편지부, 지원금을 관리하는 회계부, 선물을 준비하는 선물담당부, 동아리 회의 사진과 전달 받은 에리온의 사진을 총괄하는 사진앨범부 등 여러 부서를 두고 있다.

세계인과의 의사소통을 배우다

●　　　21세기 인재에게 요구되는 덕목 중 중요한 하나가 글로

벌 감각이다. 단순히 외국어를 구사할 수 있다고 글로벌 감각이 갖

춰지는 것은 아니다. 다른 문화, 다른 사고, 다른 모습에 대해 이해

하고 포용하는 열린 마음이 있어야 하고, 각국에 대한 기본 정보가

있어야 한다. 더불어 외국인들과 공유할 수 있는 글로벌 이슈에 대

한 배경지식도 있어야 한다. 이를 위해서는 외국의 문물을 많이 보

고 직접 경험하는 것이 필수적이다. 더 나아가 외국인과 교류량이

많으면 많을수록 자연스럽게 글로벌 감각이 몸에 배게 된다.

　하나고는 해외 교류에도 적극적이다. 영어권, 일본, 중국 소재

학교와 자매결연을 확대하고 있다. 방학을 이용해 한 해 2번씩 교

환학생 프로그램이 이뤄지고, 온라인을 통해 관계를 유지할 수 있

도록 시스템을 만들고 있다. 공식적인 교류를 넘어 행사를 통해 알게 된 외국 친구와 개인별로 교류할 수 있도록 학교 측은 유도하고 있다.

하나고의 국제 교류 프로그램을 통해 학생들은 그동안 공부해온 외국어를 외국 학생과의 대화라는 실전에 써본다. 외국어 학습에는 이만한 것이 없고 앞으로 외국어 공부를 하는 데 강력한 동기 유발이 된다. 그리고 외국학생들과 함께 생활하며 다른 문화를 이해하고 포용하는 감각을 갖춰 나간다.

하나고는 현재 일본의 와세다대학부속고교, 나다고, 카이요고, 오유여고, 중국의 인민대부속중학교, 사중학교, 북경대 부속 중학교 등과 교환학생 프로그램을 진행하고 있다. 그리고 미국 동부 명문고와 방문 프로그램을 추진하고 있고 하나금융그룹의 하나-스탠포드 한국학 컨퍼런스에 하나고 학생들을 참여시키고 있다.

우리는 한국 대표

●   2012년 11월, 하나고 학생 8명은 인솔교사와 함께 '선버스트 유스 캠프Sunburst Youth Camp에 참가차 싱가포르로 향했다. 이 캠프는 16~18세의 아시아 학생들이 모여 1주일 동안 문화교류, 견학, 토론 및 발표를 하는 행사다. 한국, 태국, 필리핀 등 13개 국가에서 모인 학생들을 만날 수 있다. 여러 국가에서 모인 학생들이 팀으로 구성돼 팀이름을 정하고 구호도 정한다. 그리고 캠프 주최 측에서 제시하는 미션을 수행하며 팀워크를 맞춰 간다.

    그리고 난양공대, 싱가포르과학센터 등을 견학하고 직접 시내로 나가 지하철과 버스를 타고 박물관, 쇼핑센터를 체험한 후 각자 느낀 바를 발표하는 시간을 갖는다. 하나고 학생들은 캠프장에 각 나라별로 마련된 부스에서 한복을 차려 입고 소고, 약과 등을 전시하는 한편, 싸이, 샤이니 등 K-POP스타 사진을 걸고 외국 학생을 맞는다. 단소로 아리랑도 연주하며 한국을 알리기 바쁘다. 또한 마지막 날에는 각국별로 마련한 공연에서 탈춤과 강남스타일 춤을 선보였다.

교환학생과 약 3주간 함께 생활하기

●   2013년 3월, 일본 카이요 고등학교와 오유 여고에서 6명의 학생이 하나고를 찾아왔다. 이들은 앞으로 약 3주간 하나고에서 수업과 1인2기, 기숙사생활까지 할 예정이다. 일본 학생들은 1학년 과정 중 영어로 진행되는 과목을 실제 하나고 학생들과 함께 수업 받았다. 또한 수업 후 관심 있는 1인2기에 참여해 하나고 학생들과 운동을 같이하거나 전부터 해왔던 악기 연주 솜씨를 선보인다.

그리고 기숙사에도 한 방에 한 명 혹은 두 명씩 배치돼 하나고 학생들과 룸메이트가 된다. 처음에는 서로 서먹서먹해 하더니 3주를 동거동락하며 하나고 학생과 일본 학생들은 금방 친해졌다. 서로가 좋아하는 양국의 연예인 이야기부터 조금은 진지한 한일관계까지 다양한 의견을 교환했다.

이들의 서울 관광은 일본어 동아리 '하나노하나' 학생들이 도맡았다. 하나고 학생들은 명동과 인사동을 안내하며 이제까지 공부한 일본어를 총동원해 가이드 역할을 해낸다. 일본 학생들도 어느 정도 영어로 의사소통이 가능해 하나고 학생들과 이야기를 주고받는 것은 어렵지 않았다.

오유여고의 사리 양은 "(하나고에서는) 선생님들과 학생들과의 관계가 일본 학생들과 무척 달라요. 일본에서는 사제관계가 수직적이거든요. 하지만 한국 학생들과 선생님은 무척 친밀하게 지내는 것 같아요"라고 하나고 방문 소감을 전했다.

하나 국제교류 학술 심포지엄

●   하나고는 매년 여름방학 중 하나 국제교류 학술 심포지엄을 개최한다. 중국, 일본, 싱가포르 등 7개국의 자매결연 학교로 온 대표단과 함께 하나고 학생들은 4박 5일 동안 특정 주제에 대해 토론을 갖는다. 2012년 심포지엄은 '녹색 성장'이란 주제로 기후변화, 에너지 위기, 녹색 기술 등에 대한 논의를 했다. 각국 학생들은 총 27개의 논문을 발표하고 토론하며 학술 교류를 한다. 하나고 학생들은 호스트로서 심포지엄의 사회, 패널, 발표, 스태프를 조직적으로 맡을 뿐 아니라 각국 학생들의 입국, 환영파티, 한국문화 소개, 학교 가이드, 한국 관광 등의 역할을 맡아 진행했다.

이 행사는 교육부와 하나금융그룹의 지원하에 진행된다. 하나고 학생들은 교내에서 이와 같은 국제적인 행사를 준비하고 참여하는 소중한 경험을 쌓을 수 있다.

"의욕만 있으면 무엇이든 할 수 있죠"

한원흠 | 고려대 물리학과, 하나고 1기 졸업

하나고는 무엇이든 선택의 폭이 아주 넓다. 커리큘럼부터 1인2기, 동아리까지 각 항목의 선택지를 모두 곱하면 수천 가지 경우의 수가 나온다. 즉 어떤 학생도 하나고에서 동일한 코스를 밟을 가능성이 낮다는 것이다. 하나고에서 전적으로 자신이 무엇을 선택하고 무엇에 집중하는지에 따라 생활이 천차만별로 바뀐다.

하나고 1기로서 고려대 물리학과에 재학 중인 한원흠 군은 "나만큼 하나고의 시스템을 십분 즐긴 사람은 없을 것"이라고 말한다. 한 군은 공부벌레가 아니었다. 한 군은 내신이나 수능에 연연해하지 않았다. 대신 댄스동아리를 만들고 발명에 심취했으며 여러 과학 실험에 큰 흥미를 느꼈다. 하나고는 한 군이 이제까지 하고 싶었던 모든 것을 체험할 수 있는 좋은 놀이터였다.

성적에 대한 고민이 없었던 것은 아니다. 하지만 고교 시절 동안 관심

가는 것을 모두 하면서도 성적도 나쁘지 않게 관리할 수 있었다. 이것이 가능한 것이 하나고 안에서 3년을 알차게 보냈기 때문이었다. 그리고 결국 수많은 체험 속에서 진정 자기가 원하는 것을 찾고 진로를 선택할 수 있었다. 한 군은 물리학자를 꿈꾸며 대학에 지원했고 고려대 물리학과에 당당히 합격했다.

다수의 특허를 보유한 중학생

한 군은 중학교 시절 이미 독특한 커리어를 만들어 놨다. 초등학교 때부터 여러 발명대회와 과학올림피아드에 나가 수상한 경력이 있었다. 특허 등록도 여러 건이었다. 어릴 때부터 뭔가 만들어 내는 것을 좋아했는데 한 군의 부모님은 일찍부터 이런 재능을 알아봤다. 과학 쪽으로 재능이 발달한 한 군은 과학고를 염두에 두고 있었다. 하지만 발명대회에서 대통령상이나 국무총리상을 받아야 특기자 전형으로 진학할 수 있는데 그 정도 상은 받질 못했다.

한 군은 중학시절 과학 쪽으로 공부를 집중했다. 학원에 가서 물리만 수강하고 올림피아드 준비 학원에 열심히 다녔다. 다른 학과 공부는 학원이 끝나고 집에 온 밤 12시에 조금 할 뿐이었다. 한 군의 전반적인 내신 성적은 그리 좋지는 않았다. 하나고의 내신산출프로그램으로 환산했을 때 전교 상위 18% 수준이었다.

한 군이 중3이 되었을 때, 학교와 학부모 사이에서 하나고 설립이 이슈로 떠올랐다. 하나금융그룹이 설립하는 사교육이 없는 학교, 독특한 교육 시스템, 최고의 교사진 등 홍보팜플렛이 아이들 사이에 돌았다. 한 군의 부모도 하나고를 주목하고 있었다. "대한민국 최고의 학교를 만든다더라"며 한 군에게 함께 설명회도 가보고 지원해 볼 것을 권유했다.

한 군은 중학교 시절 높은 수준의 과학을 공부하고 싶었는데 방법을 찾질 못했다. 그래서 학원에서 과학 수업을 집중적으로 들었지만 그의 과학 공부에 대한 욕구를 충족시켜 주질 못했다. 그러던 중 하나고의 커리큘럼이 그의 이목을 끌었다. 스스로 과목을 골라 들을 수 있고 수준 높은 수업도 준비돼 있다는 말에 한 군은 "뿅 갔다"고 표현했다. 한 군처럼 과목 편중이 심한 학생에게는 하나고의 시스템이 더할 나위 없이 적합했다.

내신 꼴찌로 하나고 입학

한 군의 하나고 지원 과정은 매우 순탄했다. 워낙 발명대회, 올림피아드 수상 경력이 많아 지원 서류가 화려했다. 하나고의 면접 때 "지원 서류의 내용이 좋아 입학이 내정돼 있다"는 사실을 알게 됐다. 이렇게 일련의 전형을 마치고 하나고 합격을 확정지었다. 하지만 새로운 사실도 들었다. 자신이 합격자 중 내신 성적이 거의 꼴찌 수준이라는 것이다. 하나고 면접 때 만났던 한 교사는 한 군에게 "이제까지 스펙을 잘 쌓았으니,

하나고에 와서 꼴찌하지 않게 노력해라"는 조언을 하기도 했다. 그러나 한 군은 의연했다.

'하나고에서 성적이 꼴찌여도 상관없다. 내가 잘하는 것을 열심히 하면 되지, 뭐.'

하나고에 와 보니 자신과 비슷한 아이들이 많았다. 단지 공부만 잘해서 온 것이 아니라 독특한 이력을 가진 아이들을 볼 수 있었다. 외국어, 독서, 글쓰기, 영화제작, 발명, 작곡, 각종 대회 수상 등 전국에서 모인 다채로운 재능을 가진 아이들을 만나 한 분야의 깊은 이야기를 들어 보는 것도 한 군은 재미있었다.

이때 특히 한 군의 관심을 끈 친구들이 있었다. 오리엔테이션 때부터 장기 자랑이면 꼭 나오는 춤 잘 추는 아이들이었다. 한 군도 춤에 일가견이 있었다. TV를 보며 춤을 따라 해보면 어렵지 않게 흉내낼 수 있어 중학교 때부터 커버댄스에 꽤 능했다. 하나고 내에서 춤 좀 춘다는 친구들과 금세 친해졌다.

"하나고에 은근히 댄스의 숨은 인재들이 많았어요. 중학교 때 춤추고 있으면 부모님은 걱정스런 눈빛으로 잔소리를 많이 하셨죠. 하지만 하나고에서는 분위기가 달랐어요. 잔소리하는 부모님도 없고 선생님들도 춤추는 것에 대해 안 좋게 여기지 않았어요. 쉬는 시간에 아이들이 농구, 축

구 하는 것처럼 우리는 모여서 춤을 췄죠. 농구와 춤, 뭐가 다르죠?"

한 군은 몇몇 친구들과 의기투합해 댄스 동아리 '무브멘탈'을 만들었다. 그리고 공연이라도 잡히면 시간이 날 때마다 모여서 연습했다. 교내에서 동아리 공연은 1인2기 발표회뿐 아니라 학교 측에 신청만 하면 언제든 할 수 있었다.

"너무 재미있었어요. 직접 무대에 올라 관중의 박수를 받아 본 사람만이 알 수 있는 짜릿함이 있죠."

그러던 중 1학년 여름방학 한 군과 동아리에 중책이 맡겨졌다. 올해 처음 개최하는 하나 국제교류 학술 심포지엄에서 공식 행사가 끝난 후 댄스파티를 기획해 달라는 선생님의 제안이었다. 중국, 일본의 또래 친구들이 참석하는 심포지엄 행사에서 서로 친해질 수 있는 중요한 파트였다. 어떻게 해야 할지 막막했지만 선생님은 "1시간 동안 너희가 하고 싶은 대로 하면 된다"고 말할 뿐이었다.

동아리 친구들과 머리를 맞댔다. 한국 고등학생의 댄스 실력도 자랑하는 한편, 모두 다 즐길 수 있는 한마당이 돼야 한다고 생각했다. 댄스파티라는 게 동양 아이들에게는 익숙지 않은 게 사실이었다. 외국 아이들이 반응해 줄까가 최대 고민이었다.

고민 끝에 내놓은 댄스파티 기획은 이러했다. 우선 무브멘탈의 비보잉 공연을 마친 후 참가자들에게 테크토닉 춤을 간단히 가르쳐주기로 했다. 그리고 분위기가 좋아지면 자유 댄스 타임을 즐기다가 동아리 멤버들이 팀을 나눠 댄스 배틀을 하는 시나리오였다.

이윽고 심포지엄 행사가 시작됐고 하나고에 방문한 외국 친구들은 서 먹서먹해했다. 토론이 끝나고 저녁에 댄스파티가 시작됐다. 기획대로 무 브멘탈의 공연이 시작됐다. 한 군은 연습한 대로 춤을 열심히 추면서 흘 끔흘끔 참가자들의 분위기를 살폈다. 별 반응이 없음을 알아차리고 "흐, 망했다~" 생각했다.

하지만 테크토닉 레슨 시간이 시작되자 고맙게도 일본 아이들이 갑자기 흥이 난 듯 춤에 열중하는 모습을 봤다. 잘 추는 것은 아니지만 정말

신이 나서 추는 막춤이었다. 분위기는 최고조로 후끈 달아올랐고 준비했던 모든 공연을 뜨거운 반응 속에 모두 마쳤다. 기획을 부탁한 선생님도 퍽 만족스러운 표정으로 잘했다는 칭찬을 해줬다. 그 이후 무브멘탈은 하나고 내 최고 인기 동아리 중 하나로 자리 잡았다.

"안 된다고 시도도 안하는 친구들 안타까워요."

동아리 활동에서 재미를 본 한 군은 동아리를 하나 더 설립했다. 하나고 설립 초기여서 없는 동아리가 많았다. 한 군은 격투기 동아리가 없다는 점을 주목하고 복싱 동아리 설립을 추진했다. 관심 있는 친구들 10명 정도를 모아 선생님에게 복싱 동아리의 필요성을 설득했다. 왕년에 대학 복싱대회에 나갔던 선생님을 삼고초려 끝에 모시고 마침내 복싱 동아리를 허가받았다.

"하나고 3년 동안 '이런 걸 해볼까', '저런 걸 해볼까' 생각하고 시도도 많이 해봤어요. 하고 싶은 것을 적극적으로 추진하면 하나고에서는 뭐든 할 수 있었어요. 학교 측에 적극 요청하면 이뤄졌어요. '이렇게 하면 되는구나'라고 원하는 것을 이뤄내는 노하우를 알게 됐어요. 하나고에서 하고 싶은 것은 맘껏 했고 많은 것을 성취했어요."

한편, 한 군은 1인2기로 오케스트라의 타악기를 선택했다. 바이올린
이나 클라리넷 등의 현악기, 관악기를 하는 아이들은 많았는데 타악기는
딱히 많지 않았다. 그래서 한 군은 타악기를 해보겠다고 담당 선생님에
게 요청했다. 음악 연주를 해본 적은 없었지만 타악기는 도전해 볼 만했
다. 결국 한 군은 오케스트라에 들어갈 수 있었다.

"1학년 1학기 첫 합주 때를 잊을 수 없어요. 요한 스트라우스의 라
데치키행진곡이었죠. 오케스트라 단원 중 제일 앞에서 작은 드럼을 쳤
어요."

한 군은 오케스트라를 하면서 배운 게 많다고 말한다. 타악기 악보만
으로는 어떤 곡인지 알 수가 없었다. 메트로놈에 맞춰 타악기를 치는 연
습을 수도 없이 했다. 타악기가 쉬워 보여 도전했는데 만만치 않았다. 음
악처럼 느껴지지 않는 타악기 연주를 똑같은 것만 계속 반복했기 때문에
재미도 없었다. 박자도 자꾸 놓쳐 점점 흥미를 잃어갈 때 선생님이 "지금
연습하는 게 나중에는 아주 멋진 음악이 될 거야", "꾸준히 연습하면 자
신도 모르게 잘하고 있을걸"이라고 말해줬다.
이윽고 1인2기 발표회를 앞두고 오케스트라가 모여 합주를 연습하기
시작했다. 처음엔 소리가 제 각각이어서 무슨 곡을 연주하는지 알 수 없
었다. 하지만 연습 횟수가 늘어날수록 소리가 점점 어울리고 조화를 만
들어내는 것을 실감했다. 그리고 한 군은 라데치키행진곡이 이렇게 웅장

하고 멋진 곡인지 예전엔 몰랐다.

"연습할 때만 해도 안 될 줄 알았는데, 어떻게 하다 보니 이뤄낸 저를 발견했어요. '해보니까 되더라'란 사실을 알았어요. 댄스 동아리 공연도 마찬가지였는데…. '해도 안 돼'라며 도전도 안 하는 친구들이 많은데 이 제는 그들을 보며 안타깝다는 생각이 들게 됐어요. 도전의식, 성취감 이런 것들이 하나고에서 얻은 것 중 가장 소중해요."

"성적에 신경 좀 써야 되지 않겠니?"

한 군은 1, 2학년 동안 성적에 대한 고민이 없었다. 2학년 말 선생님과의 상담에서 "이 성적으로 대학 갈 수 있겠니. 성적에도 신경 좀 써야지"라는 이야기를 들었다. 한 군의 성적은 하나고에서 상위 80% 정도였고, 특히 영어는 거의 밑바닥이었다.

한 군은 혼자 곰곰이 생각했다. 수학, 물리는 꽤 잘하는 편이었고 발명과 각종 대회 참가도 계속 해왔기 때문에 약간은 거만한 생각을 가졌었다. 하지만 내신이 너무 안 좋으면 대학 진학에 문제가 생긴다는 선생님말에 큰 자극을 받았다. 스스로 '심각하구나' 하고 생각하기 시작했다.

한 군은 그때부터 공부에 모든 것을 쏟아부을 때라고 실감했다. 한 군앞에 놓인 가장 큰 벽은 바로 영어였다. 이후 한 군은 면학실에 거의 살

다시피 했다. 영어를 붙잡고 늘어졌다. 영어 공부는 딱히 재미없었지만 그래도 대학을 가려면 영어를 포기할 수는 없었다. 계속 영어 공부에 몰입했지만 어떻게 효율적으로 공부할지도 몰랐고 성적을 높일 수 있는 방법도 알 수 없었다.

답답한 마음에 영어 잘하는 친구에게 도움을 청했다. 다행히 주변에는 영어를 원어민처럼 구사하거나 영어로 논문을 쓸 수 있는 수준의 친구들이 있었다.

"영어를 빨리 늘리는 데는 외국에 나가 생활하는 것 만한 게 없지. 그런데… 지금 상황이 여의치 않으니까. 그러면… 영어로 된 책을 많이 읽어 봐."

한 군은 친구 이야기가 마음에 와 닿았다. 그래서 고2 겨울 방학 때 '영어 책 많이 읽기'라는 목표를 세웠다. 기초 수준인 《허클베리 핀의 모험》, 《톰 소여의 모험》 등 미국 초등학생 교과서부터 읽기 시작했다. 매일 시간을 정해놓고 몇 시간씩 정독했다. 방학이 끝나고도 영어 책읽기를 꾸준히 이어나갔고 레벨 업해서 《셜록 홈즈》, 《위대한 게츠비》 등 고전 소설책에 도전했다. 일일이 단어를 찾아가며 읽는 게 쉽지 않았다.

그러던 중 영어에 대한 충고를 해줬던 친구가 독특한 영어 공부 방법 하나를 더 알려줬다. 바로 영어 만화 보기다. 그래서 한 군은 쉬는 시간이나 공부하기 싫을 때는 영어로 된 만화 '원피스'를 읽기 시작했다. 수능

시험을 대비해 방과 후 학습도 영어 과목을 신청해 들었다. 그렇게 영어에 몰두한 결과 한 군의 영어 점수는 올랐을까. 답은 그렇지 않다였다. 하나고에는 워낙 영어에 뛰어난 학생들이 많아 내신에서 영어 등급이 오르지는 않았다. 하지만 한 군은 자신의 노력이 헛되지는 않았다고 생각한다. 영어에 대한 두려움이 사라졌고 영어에 큰 흥미를 갖게 됐기 때문이었다.

"영어 책을 읽으면서 공부하는 방법에는 장단점이 있어요. 우선 계속 스토리가 진행되므로 오랜 시간 흥미를 잃지 않고 공부할 수 있어요. 그리고 모르는 단어가 나와도 스토리 전개상 맥락을 파악하면 대략 어떤 의미인지를 알 수 있어요. 점점 영어를 읽는 속도도 빨라지죠. 하지만 단점은 맥락으로 의미를 파악했던 단어가 실제 그 뜻이 아닌 경우도 있었어요. (웃음)"

대한민국인재상 대통령상 수상

한 군은 댄스, 복싱, 오케스트라, 영어 만화 등에 심취하면서도 발명에 대한 관심을 놓지 않았었다. '뭘 만들어 볼까'를 늘 생각하며 아이디어를 얻기 위해 여러 가지 과학 정보를 찾아다녔다. 고등학생 수준으로는 어려운 과학 잡지를 틈이 날 때마다 읽었고 유튜브를 통해 특이한 장치를 찾아 즐겨 봤다. 다양한 분야의 전문가가 나와 18분 동안 강연하는 테드 TED도 언제나 한 군에게 영감을 주는 장치였다.

그러던 중 한 과학 논문에서 사람의 맥박으로 졸음 상태나 여러 병을 알아낼 수 있다는 것을 읽었다. 그래서 모바일을 통해 환자의 맥박을 실시간으로 원격 측정하는 장치의 개발에 나섰다. 헬스케어 산업의 성장에 힘입어 나중에 상용화될 수 있을 거라 생각했다. 더 나아가 운전 중 이 장치를 이용해 운전자가 졸면 맥박 변화를 감지한 알람이 울리는 것까지 생각해냈다. 이 발명품으로 한 군은 발명대회에 나가 동상을 수상했고 특허를 냈다. 이로써 고3 때까지 한 군이 등록한 특허는 27개에 달한다.

또한 한 군은 하나고의 커리큘럼 중 실험 과목에 재미를 느꼈다. 책에서 배운 이론이 실험하면서 오차 없이 결과로 딱 맞아 떨어지는 순간, 쾌감을 느꼈다. 물리 실험의 경우 가정을 하고 함수와 그래프를 만든 후 이렇게 결과가 나올 것이다 예상한 후 실험에서 성공하는 일련의 과정이 한 군에게는 새로운 세계를 열어 줬다.

물리 실험에 열중하다 보니 물리토론대회에 참가해볼 것을 선생님께 권유받았다. 한 군의 취약점인 영어로 진행되는 토론이기 때문에 영어 잘하는 친구를 팀에 넣어 5명이 하나고 대표로 나갔다. 당시 하나고 대표 팀은 모두 1학년이었는데 대회에 나가 보니 과학고, 민사고 등에서 2학년 학생들이 대표로 나와 쟁쟁한 실력을 뽐냈다.

이 대회에서 금상을 받으면 세계 대회에 출전할 수 있는 자격을 얻었다. 대회에서는 소논문 하나를 주제로 제시하고 이에 대해 팀별로 연구

과정을 발표하고 서로 코멘트하고 검증하는 식으로 이뤄졌다. 모든 과정은 영어로 진행됐기 때문에 발표 및 토론은 영어 잘하는 친구가 맡았고 한 군은 전반적인 논문 분석, 연구를 도맡았다. 이 대회에서 하나고팀은 선전했으나 아쉽게도 은상을 받아 세계대회에 출전하지는 못했다.

한 군은 발명, 물리경시대회 등 수상실적을 하나고에서도 착실히 늘려 갔다. 덕분에 고2 때 선생님의 추천으로 대한민국 인재대상 대통령상을 수상했다. 이 상은 한국과학창의재단이 주관해 각 분야에서 탁월한 재능을 가진 사람을 격려해 주는 취지였다. 대통령상이라는 큰 상을 받은 덕분에 대학 진학에 있어 한 군은 유리한 고지를 점령했다.

다방면의 잠재력을 갖다

한 군은 딱히 정해진 꿈이 없다. 발명가, 과학잡지 기자, SF영화자문, 소설가, 무기연구제조가, 과학수사관 등등 생각해 본 게 많다. 하나고에 오기 전까지는 단순히 물리학자, 연구원밖에 생각을 못 했다. 하지만 하나고에서 법의학 수업 등 다양한 수업을 접하며 여러 방향의 진로가 가능하다는 것을 깨달았다. 단, 물리학 전문가만 되면 뭐든 할 수 있는 잠재력을 갖게 된다는 것을 알게 됐다.

한 군은 자신의 재능이라 할 수 있는 발명을 하기 위해 기계공학과에 진학할 생각을 해왔다. 하지만 하나고에서 물리 실험에 심취하면서 순수

과학 연구자가 되는 것을 일차 진로 목표로 세웠다.

"공학은 입력, 산출 그리고 설계가 중요해요. 하지만 자연과학은 입력, 산출뿐 아니라 중간의 메커니즘을 밝혀내는 게 중요하죠. 어떤 원리로 이런 결과가 나오는지 밝혀내는 것이 저에게는 더 매력적이에요."

그래서 한 군은 물리학으로 학과를 정하고 원서를 쓰기 시작했다. 대학은 어디든 상관없었다. 높은 수준의 물리학 수업을 할 수 있는 곳이면 됐다. 한 군은 서울대, 연세대, 고려대, 카이스트, 한양대 정도에 지원했다. 일반 고교생이 대학에 가치를 두고 먼저 선택한 다음, 학과를 정하는 현 입시위주 진학 현실과는 반대였다. 진정으로 적성과 재능에 따라 학과를 정하고 대학에 진학하는 이상적인 모습을 구현할 수 있었다.

문제 푸는 기계가 아닌 연구 새싹으로 대학 가다

한 군도 입시 전쟁에 뛰어들었다. 수시전형에 지원하면서 한 군은 많은 스토리를 준비했다. 발명, 경시대회 수상뿐 아니라 하나고에서 했던 모든 수업과 활동이 입학사정관의 관심을 끌 수 있는 좋은 콘텐츠였다. 내신 성적은 하나고 입학 당시 100% 꼴찌 수준에서 그래도 3학년 때 바짝 한 덕분에 60% 중간 조금 넘는 수준까지 끌어올렸다. 특히 수학 성적에

서 승부수를 띄운 전략이 전체 내신을 올리는 데 공헌했다.

대학 면접은 물리, 수학 문제를 풀고 발표하는 식으로 진행됐다. 하나고에서 이미 물리, 수학 문제를 발표하는 식으로 공부했기에 매우 익숙했다. 더불어 면접을 앞두고 선생님들이 면접 예상 문제를 대량으로 뽑아줘 수없이 많은 발표 연습을 했기 때문에 어렵지 않았다. 덕분에 어렵지 않게 면접시험을 볼 수 있었고, 고려대 물리학과에서 합격 통보를 받았다.

"수시전형이 절 살렸어요. 아마 정시였으면 저의 취약점인 영어, 국어, 수능이 대학 가는 데 제 발목을 잡았을 거예요. 과거처럼 수시전형이 없고 하나고가 없었다면 제가 좋은 대학에 갈 수 있었을까요?"

"저는 하나고에서 차려 준 뷔페를 아주 잘 찾아 먹었어요. 남들이 안 먹는 음식까지. 하나고에서 찾은 기회가 여러 가지예요. 고등학생으로서 깊이가 좀 얕았다면 이제부터 더 깊이 파고 들어가 보고 싶어요."

대학생이 된 한 군의 일단의 목표는 하나고 시절 정한 바대로 물리 전문가가 되는 것이다. 구체적인 직업은 대학이나 대학원 졸업할 때 정할 계획이다. 대학생 동안 많은 국제 학회, 세미나에 가보고 싶다는 희망을 밝혔다. 그리고 발명 쪽은 최근 괜찮은 아이디어가 떠올라 정리해 놓은 자료가 있단다. 시간 나는 대로 만들기 시작할 예정이다.

PART 5

하나고의
시스템

하나고의 7일, 365일 그리고 3년

하나고는 현 입시위주 그리고 사교육 중심의 교육을 개선하고자 하는 교육 실험을 하고 있는 만큼 일반고나 다른 특목고와 시스템적으로 다른 부분이 많다. 커리큘럼, 1인2기, 동아리활동 외에도 전반적으로 하나고 시스템은 차이점을 갖고 있다. 하나고가 설정한 교육 시스템을 최적화하기 위해 전반적인 인프라 역시 맞춰져야 하는 것이다. 우선 하나고는 자율형 사립고로서 교육부의 재정지원을 받지 않는 대신 자체적인 선발기준을 가질 수 있었다. 하나고의 강도 높은 혁신교육을 잘 버텨낼 뿐 아니라 그 안에서 가장 효율적으로 성장할 만한 잠재력이 있는 지원자들을 주로 선발한다.

이렇게 모인 인재들을 입학전 오리엔테이션부터 하나고형 인재로 탈바꿈시킨다. 이제까지 사교육에 익숙하고 부모의 지시에 따르며 스스로의 고민과 계획이 부족했던 아이들을 전면 개조하기 위한 과정이다. 한 달에 한 번밖에 외출할 수 없는 기숙사 생활로 사교육은 전면 차단되고 공교육 틀 안에서 빠듯한 스케줄을 따라간다. 아이들은 고교 3년의 시간을 알차고 빠듯하게 보낸 덕분에 졸업할 때는 자신도 몰라보게 학문적, 인격적으로 성장해 있다.

하나고 아이들이 효과적으로 성장하기 위해서는 교사와 학부모의 역할이 기존과 달라야 한다. 특히 교사는 영재를 교육하기 위해서 높은 수준의 실력을 요구받는 것은 물론, 부모와 떨어져 있는 아이들을 늘 지켜봐 주고 격려해 주며 동기를 부여해야 한다. 반면 부모는 학교에 전적으로 아이를 맡기면서 성적 관리와 생활 지도에 관해서는 잔소리를 하지 않아도 된다. 하지만 그보다 더 어렵고도 중요한 소통에 더 의미를 부여해야 한다.

하나고라는 교육 환경에서 3년을 보낸 아이들은 분명 다른 환경에 비해 성취하는 것이 많다. 하나고는 많은 것을 성취할 수 있는 아이들이 스폰지처럼 최대한 많은 것들을 흡수하도록 영양분을 마련해 뒀기 때문이다.

하지만 하나고의 교육이 절대 정답이라는 것은 아니다. 이들의 교육실험에 대해 비판의 목소리도 적지 않다. '그들만의 리그League', '귀족학교'라는 등의 꼬리표는 늘 하나고를 따라다닌다. 이런 비판들도 분명 꼼꼼히 곱씹어볼 필요가 있다. 입학 전형부터 군사훈련오리엔테이션, 기숙사 생활, 하루 일과, 학비, 장학금, 시험과 내신, 교사진, 시설 그리고 하나고에 대한 비판까지 하나고에 자녀를 보내고자 하는 학부모들이 주목할 만한 '하나고의 모든 것'을 속속 살펴본다.

입학 전형

●   자율형 사립고는 전형 방식에 따라 크게 두 가지 유형으로 나뉜다. 전국단위 모집을 인정받은 전국형 자율사립고와 학교가 속한 광역시도만을 모집단위로 하는 광역시도단위 자율고다. 전국단위 자율사립고는 총 10개에 달하며 이 중 하나고는 유일하게 서울에 소재한 학교다.

전국단위 자율사립고의 특징은 선발방식에서 독자적인 자기 주도 전형을 진행한다. 하나고는 한 학년 200명을 선발하기 위해 내신과 학습계획서를 포함한 1단계 서류전형과 2단계 면접과 체력검사가 진행된다.

하나고의 한 해 선발 모집정원 200명은 크게 일반전형, 사회통합전형, 하나임직원자녀전형의 3가지 전형으로 나뉜다. 일반전형으로 60%를 선발하고 사회통합전형, 하나임직원자녀전형을 통해 각각 20%씩 뽑는다. 일반전형은 중학교 졸업(예정)자에 한해 지원할 수 있다. 다만, 서초 · 강남 · 송파구의 강남 3구 거주자는 전체 정원의 20%를 넘을 수 없도록 했다.

하나고의 전체적인 학생 선발의 기본 방향은 다음과 같다.

1. 중학교 학교생활에 충실한 학생을 선발한다.
2. 자기주도 학습능력이 뛰어난 학생을 선발한다.
3. 창의적 세계인 양성이라는 학교이념에 맞는 개성 있는 학생을 선발한다.

하나고의 전형과 배점을 살펴보면, 학교생활기록부 점수가 60점을 차지하고 나머지 자기개발계획서, 추천서 20점, 심층면접 20점을 차지한다. 마지막 체력검사는 윗몸일으키기(1분당 남 25회, 여 15회), 오래달리기(13분간 남 2000m, 여 1600m 완주)를 통과하면 된다. 하나고의 전형을 분석해 보면 서류전형이 전체의 80%를 차지하므로 내신과 활동, 학습계획 등에서 높은 점수를 받을 수 있어야 한다.

구분	1단계			2단계		총점
	교과성적	교과외성적	서류 평가	면접 평가	체력검사	
점수	50	10	20	20	Pass/Fail	100

하나고 입학전형에 가장 기반이 되는 것은 내신 성적이다. 중학

교 1학년 1학기부터 3학년 2학기 중간고사까지를 반영한다. 하나고의 홈페이지(www.hana.hs.kr/admission/yield.asp)에 접속해 하나고 내신산출프로그램에 학기별 과목당 석차와 총원수를 모두 입력하면 퍼센티지로 중학교 내신 평가점수를 뽑을 수 있다. 하나고 입학생들의 중학교 내신석차백분율은 5%전후로 알려져 있다. 쉽게 말해 중학교 전교생수가 400명이라고 할 때 전교 20등 안에 들거나 적어도 반에서 1~3등 안에는 들어야 한다는 계산이 나온다.

하나고의 내신산출프로그램은 과목별로 가중치를 부여한다. 국영수가 각 4단위로 가장 비중이 높으며 다음으로 사회와 과학(각3), 그리고 도덕, 기술/가정, 체육(각2), 음악,미술(각1) 순이다. 학기당 비율은 1학년 1학기 5%, 1학년 2학기 10%, 2학년 1학기 20%, 3학년 1학기 30%, 3학년 2학기 중간고사 15%다. 그러므로 3학년 1학기의 점수가 높아야 유리하다.

학생생활기록부 상의 교과외 성적은 10점 배점이다. 출결상황, 봉사가 포함된다. 출결상황은 결석, 지각, 조퇴가 없을수록 좋다. 봉사는 중학교 3년 동안 봉사시간이 45시간이 돼야 하며 봉사의 지속성과 유의미성으로 평가한다. 출결 5점에 봉사활동 5점을 부여받는다.

합격을 위한 커트라인은 전교 내신 석차가 5% 내외이지만 예외가 가능한 곳이 바로 하나고다. 내신 성적이 다소 낮더라도 특이한 이력이나 중학생 수준을 넘어선 전문성을 가진 지원자는 하나고에 진학할 수 있다. 학교 측에 따르면 하나고 학생 중에는 중학교 내신 10%가 넘는 학생도 다소 있다는 전언이다.

자신만의 스토리가 있는 학생

학생생활기록부상의 점수는 하나고를 지원하는 학생이라면 어느 정도 모두 비슷한 수준이다. 전교 20등 안이면 일단 '기본은 확보했다'고 볼 수 있다. 교과성적·교과외성적 60점 외에 정작 하나고의 당락을 좌우하는 것은 나머지 40점인데 특히 면접을 제외하고 서류전형 중 하나인 자기개발계획서는 지원자별로 내용과 수준의 격차가 상이하므로 가장 핵심적인 요소라 할 수 있겠다. 글을 통해서 자신의 우수성, 비전, 잠재력, 꿈, 진로 등을 강하게 어필할 수 있어야만 한다.

하나고는 공인외국어점수나 교내외수상실적, 별도의 포트폴리오를 받지 않는다. 중학교 시절 화려한 활동을 했다 하더라도 공식 입증 자료를 제출해 가중치를 부여받을 수 없다는 이야기다.

하지만 자기개발계획서에 다양한 활동을 기술할 수 있다. 자기개발계획서에 왜 이런 활동을 했으며 어떤 과정을 통해 무엇을 배웠으며 결과가 어땠는지 학생의 글을 통해 잘 풀어 내야 한다. 그리고 이런 활동이 자신의 꿈과 어떤 관련이 있으며 하나고에 합격하면 어떻게 더 심화, 발전시킬지의 계획이 맥락을 따라 일목요연하게 서술돼야 한다. 당연히 독특한 경력과 창의적인 도전일수록 입학사정관의 주목을 받는다.

김승유 하나고 이사장이 말하는 선발 기준은 다음과 같다.

"저희가 첫 신입생을 모집할 때부터 공교육이 정상화되도록 입시전형을 설계한다는 방침을 갖고 있었기 때문에 중학교에서 성실하게 공부하면서 자신의 진로에 대해 관심을 갖고 꾸준히 노력해 온 학생을 찾고 있습니다. 따라서 '사교육에 길들여지지 않고 스스로 자기의 일을 감당할 수 있는 학생', '특별한 분야에 관심을 가지고 노력해 자신만의 스토리가 있는 학생'에게 관심이 많습니다. 대학 입시의 입학사정관제 전형의 근간도 이와 같아 이번 수시모집에서 좋은 결과를 낳은 비결이었던 것 같습니다. 중학교 성실성의 지표인 내신 성적도 당연히 좋아야겠지요."

그의 설명의 행간을 꼼꼼히 분석 해봐도 '내신은 기본이고 자기개발계획서에 독특한 활동과 스토리를 내세운 지원자'가 결국 하나고 신입생이 될 수 있음을 알 수 있다. 하나고는 전략적으로 대학 입시에서 수시전형에 주력하고 있으므로 아예 입학생부터 충분히 수시전형에서 어필할 수 있는 자질과 잠재성을 가진 지원자를 선택한다.

하나고에서는 2012학년도 전형부터 표절검색시스템을 도입해 자기개발계획서를 대리 작성하거나 모방해서 표절이 확인될 경우 평가상의 불이익을 부과한다. 한편, 추천서는 하나고의 양식에 따라 지원자를 1학기 이상 지도한 공교육기관 현직교사 2명에게 의뢰할 수 있다. 아마 하나고 지원자들은 추천서를 모두 구비해 오므로 이 또한 기본일 뿐 변별력이 크다고 볼 수는 없다.

이상 1차 서류전형으로 정원의 2배수 내외를 선발한다. 일반 전형의 경우 정원이 120명이므로 240명 가량이 1차 서류전형에 합격한다. 이 중 서류 상위 30%는 면접을 진행하지 않고 서류정보만으로 합격을 확정한다.

심층면접은 서류의 진위 여부 확인 과정

하나고는 입학시험이 없다. 어려운 영어, 수학 문제를 풀어야 하거나 교과지식 질문, 외국어 면접 등을 일절 진행하지 않는다. 때문에 하나고 입시 준비반이 없어도 된다. 또한 하나고를 진학하려고 고교과정 선행학습을 하지 않아도 된다.

다만 2차 심층면접은 제출 서류의 진위 여부를 구체적으로 확인하고 이와 관련한 진로, 꿈, 지원동기 등을 들어본다. 그리고 자료를 제시하고 그에 대한 의견과 배경지식을 들어보는 구술고사를 진행한다.

초기에 면접은 이틀에 걸쳐 진행됐다. 하지만 면접 형식은 매년 변경된다. 면접에 앞서 기초지적능력검사와 인성검사를 실시한다. 이 결과는 참고 자료일 뿐 당락에 영향을 끼치지는 않는다. 그리고 이어지는 인성 면접은 4명 정도가 한 그룹으로 들어가 1인당 15~20분간 입학사정관들에게 질문을 받는다. 입학사정관 외에도 경제, 역사, 외국어 등 과목 교사나 교장, 교감도 참여해 지원자의 특기와 수준, 그리고 인성을 심층적으로 검증한다. 공격적인 질문은 많지 않다. 서류로 제출한 내용에서 파생된 질문들이 많으며, 준비된 자료 중 하나를 선택해 읽고 자신의 생각을 진술하는 과정도 있다. 면접관들의 질문에 어떻게 대응할지 고민하기보다는 적극적으로 자신의 장점과 특기, 잠재성을 어필하려는 노력이 필요하다. 예상 질문에 대해 답변을 줄줄이 외워 면접장에 가기보다 자신과 사회에 대한 여러 가지 고민을 정리하거나 자신의 주관을 뚜렷이 세우고 잘 설명할 수 있어야 한다. 특히, 하나고 면접에서 중요한 것이 독서다. 특기와 관련되거나 관심 분야에 대한 서적을 수준을 높여 읽고 정독, 탐독할 필요가 있다.

김진성 하나고 교장이 말하는 입학 면접의 취지는 다음과 같다.

"면접에 정량 지표가 있는 것은 아니에요. 정량 지표로 인재를 분간하기에는 한계가 있죠. 지원 서류를 보면 대부분 정성을 기울여 작성했어요. 하지만 그 신뢰도는 높지 않죠. 그래서 면접을 통해 직접 만나 이야기해 보면 여실히 드러나요. 면접은 학업계획서의 내용을 확인하는 과정입니다. 예를 들어 진로가 천문학자로 적어 냈다면, 왜 하려 하는지, 그동안 어떤 준비를 했는지, 어떤 관련 책을 읽었는지, 그 책이 준 의미가 무엇인지를 물어요. 지원 서류를 바탕으로 학생별로 질문지가 사전에 제작돼요. 입학사정관과 교사들이 묻고 싶은 질문을 모으죠."

"전체적으로 하고 싶은 게 뚜렷한 아이, 그리고 관련 지식도 많고 이제까지 노력을 기울인 아이에게 관심이 많이 갑니다."

하나고 학생들이 입학할 당시 면접관에게 받았던 질문을 모아보면 대략 다음과 같다.

"친구에게 추천하고 싶은 책은 무엇이고 그 이유는."

"봉사활동을 통해 무엇을 배우고 느꼈나."

"왜 꿈을 이것으로 정했나."

"기숙사에서 같은 방 친구가 피곤해 먼저 자겠다고 할 때 공부를 더 해야 하면 어떻게 타협하겠는가."

"인생에서 가장 실패했던 경험은 무엇이고 하나고에서 좌절할 일이 있을 때 어떻게 대처할 것인가."

"자신이 하나고 면접관이라면 옆의 친구에게 무엇을 질문하겠는가."

"하나고에서 부당한 체벌을 당했다면 어떻게 행동할 것인가."

"경제와 역사에 관한 두 자료를 선택해 읽고 질문에 답하시오."

"이 시를 읽고 현대사회에 던지는 의미가 무엇인지 자신의 생각을 말해보라."

"중국어를 잘한다고 서류에 적었는데 간단히 대화를 나눠 보겠다."

"하나고에서 무엇을 공부하고 싶은가."

토론은 찬반이 나뉠 수 있는 논제를 제시하고 6명 정도로 구성된 한 그룹이 조별 토론을 한다. 지원자는 찬·반의 입장을 정하고 자신의 주장에 대한 논거를 준비해 반대 입장과 갑론을박해야 한다. 사회적 논란이나 국제 이슈가 주로 논제가 되므로 특별한 정답이 있는 것은 아니다. 다만, 토론 과정에서 논거의 타당성과 수준, 논리 전개 방법, 표현법, 그리고 상대방 입장 수용 방법, 반박하는 태도 등이 평가돼 점수화된다.

마지막으로 윗몸일으키기, 오래달리기의 체력검사가 이뤄지는데, 이는 점수화하지 않고 단지 합격, 불합격으로 판정된다.

일련의 입학 전형을 마치면 1차 서류와 2차 면접 점수를 종합해 입학전형위원회에서 최종합격자를 판정한다. 하나고의 경쟁률은 모집 첫해인 2010학년도 7.38대 1에서 2011학년도 3.53대 1, 2012학년도 3.27대 1, 2013학년도 2.56대 1로 해마다 낮아졌다. 설립 첫해에는 명문고교가 생긴다는 기대감으로 많은 학생들이 너도나도 지원했으나 이후 정확한 입시정보가 학부모 사이에 제공되면서 어느 정도 자격을 갖춘 아이들만 지원에 나서 지원율이 하락했다고 학교 측은 설명했다.

사회적 배려 대상자 전형

하나고 입학 전형에서 사회적 배려 대상자는 총 정원의 20%로 40명을 뽑는다.

하나고는 사회적 배려 대상자 선발에 공을 많이 들인다. 서울 시내 374개 중학교에 일일이 찾아가 사회적 배려 대상자에 포함되지만 성적이 좋고 우수한 아이들을 찾아내 하나고에 지원하도록 제안한다. 김진성 하나고 교장은 "의외로 집안이 어려운 학생 중에서도 전교 1, 2등 하는 아이들이 많다"며 "가정 형편 때문에 스펙을 쌓거나 영어 학원을 다니지는 못했어도 교과 성적이 상위권인 아이들을 많이 찾아낼 수 있었다"고 설명한다. 사회적 배려 대상자는 입학 전형에서 따로 분리돼 보호를 받을 뿐 입학 후에는 일반 전형 학생들 못지않게 학습 능력이 뛰어난 것이 하나고의 특징이다.

2015학년도부터 바뀐 하나고 입시전형

하나고의 2015년 신입생 원서 접수가 마감된 지난 2014년 11월, 전국 단위 자사고 10개교 가운데 하나고가 경쟁률 1위를 차지했다. 200명 정원에 1131명이 지원해 경쟁률 5.66대 1로 전국 최고 경쟁률을 기록했다. 지난해는 경쟁률 2.97대 1로, 외대부고에 이어 2위에 머물렀으나 올해 1위로 치고 올라왔다.

하나고의 경쟁률 상승은 서울 지역 광역 단위 자사고들의 지정 취소로 인한 것이었다. 2014년 자사고 재지정 평가 대상인 14개교 가운데 평가를 통과한 학교는 전국 단위 자사고인 하나고와 함께 5개교에 불과했다. 또한 내신 성취평가제 도입으로 인해 일부 과목 성취도에서 B등급을 받은 학생들의 지원이 몰린 것도 2015년 신입생 전형에서 경쟁률이 급증한 원인이다.

개괄적으로 살펴보면 하나고는 2014년 8월 개정된 입시전형 요강을 발표했다. 2015학년도 전형에서는 고교교육을 정상화하자는 취지로 과목별 성취도를 A~E(F)까지 단계별로 부여하는 절대평가제가 도입됐다. 하지만 하나고는 교과 성적이 다소 부족하더라도 비교과 활동을 충실히 해온 학생들에게 기회를 열어주는 기존의 큰 방향을 바꾸지는 않았다. 다른 자사고와 달리 하나고는 3개 과목까지 내신 반영에서 제외할 수 있는 점이 독특하다. 또한 2015학년도 입시전형의 가장 큰 특징은 내신 성취평가제의 도입으로 하나고 역시 면접을 강화했다는 점이다. 절대평가제 도입으로 하나고 입시에서 내신의 변별력이 크게 떨어질 것으로 예상되기 때문이다. 이로 인해 전형 단계가 예전과 다른 방식으로 이루어진다.

1단계에서 교과 성적만으로 2배수를 선발한다. 배제된 과목들은 A 성취도로 처리한다. 1단계 내신 반영에서 불리한 3과목을 제외할 수 있는 데다 커트 동점자를 전원 2단계로 통과시키므로 면접 대상자가 기존에 비해 크게 늘어날 전망이다. 결국 하나고는 전 과목을 고르게 잘하는 학생도 중요하지만 몇 과목은 상대적으로 약하더라도 특정 과목에서 강점을 보이는 학생도 뽑겠다는 것으로 볼 수 있다.

또한 면접에서 기존 개별문항 외에 공통문항을 신설, 강화했다. 2014학년도 입시 때는 면접이 이틀 동안 진행되었으나 2015학년도부터는 3일로 늘었고 질문은 예전과 마찬가지로 자기소개서와 학생부, 추천서 등 서류에 기반하여 이루어진다.

자기소개서에는 어학인증시험 점수나 경시대회 입상 실적 등을 쓰면 안 된다. 2015학년도부터는 부모의 사회적·경제적 지위를 암시하는 내용도 배제 사항에 포함됐다.

신입생 오리엔테이션

●   2013년 2월 18일 하나고의 4기 신입생들의 오리엔테이션이 있었다. 오리엔테이션은 총 5박 6일에 걸쳐 진행된다. 신입생들은 우선 학교에 입소해 기숙사를 배정받고 앞으로 3년간 지낼 방을 둘러본다. 그리고 다음날 아침 입학생들의 수준을 더욱 자세히 알아보기 위한 진단고사를 치러야 한다. 이후 같은 반 친구들과 첫 인사를 하고 서로 친해질 수 있도록 미니 체육대회, 반별 장기자랑을 위한 준비의 시간을 갖는다. 하나고에 입학했다는 기쁨과 성취감에 휩싸인 입학생들은 새로운 친구를 만나 이 시간을 맘껏 즐긴다.

다음 날 학교 앞에서 대절된 버스를 타고 군부대로 이동한다. 병영 체험을 위해서다. 군복을 입고 유격 체조, 레펠, 산악 행군 등의 극기 훈련을 받는다. 2월의 차가운 날씨 속에서도 학생들은 꽤 의

젓하게 훈련을 받는다. 야간 취침 때는 불침번도 돌아가면서 서며 아이들 스스로 책임감을 키우는 과정도 있다. 병영체험의 마지막 날에는 현충원에 들려 참배하는 것으로 마무리된다. 네 번째 날에 는 졸업생 선배들이 학교로 찾아와 신입생들의 멘토 역할을 해준 다. 앞으로 하나고 생활을 어떻게 하면 좋을지 가장 실질적인 조언 을 건넨다. 다음 날은 학교 시설에 대한 투어, 그리고 과목별 오리 엔테이션이 이뤄진다. 하나고 생활에서 많은 시간 스스로 학습의 열정을 태울 면학실도 배치받는다. 신입생들은 면학실에 앉아 '버 킷 리스트'를 작성해야 한다. 하나고 3년 동안 이루고 싶은 목표를 생각해 보고 적어 내는 것이다. 신입생들의 버킷리스트는 입학식 때 학교 로비에 전시돼 다른 친구들의 목표도 공유할 수 있다.

마지막 날에는 오리엔테이션 기간 동안 반별로 틈틈이 준비해왔 던 장기 자랑 발표가 있다. 노래, 춤, 코미디 등 연습한 대로 무대 에 올라 어설프지만 실력을 뽐낸다. 처음 만나는 친구들과 팀을 이 뤄 주제를 정하고 서로 의견을 조율해 나가는 것부터 배울 수 있는 과정이다. 이를 통해 친밀감과 협동심은 자연히 형성된다. 한바탕 웃고 떠들고 잘 놀고 난 후 입학생들은 집으로 돌아가 3월에 있을 입학식을 기다리게 된다.

하나고의 일과

● 　　하나고 학생의 하루 일과를 살펴보면 모든 학생은 오전 6시 20분에 기상한다. 학교 식당에서 아침식사를 한 후 8시에 약 10분간 명상을 한다. 그리고 8시 20분부터 1교시를 시작해 오후 4시면 7교시까지 마친다.

　한 수업을 참관해 봤다. 2학년 영어회화 시간으로 10여 명의 학생이 반원 형태로 둘러앉아 원어민 교사와 지난 주말에 했던 일에 대해 영어로 수다스럽게 대화하고 있었다. 일반 수업은 대부분 학생이 스스로 과제 계획을 수립한 후 친구들과 공동 연구팀을 구성해서 연구하는 방식이다. 교사는 과제의 과정을 평가하고 형식만을 지도할 뿐이다.

　방과 후 저녁식사 전까지 1시간 반 동안은 1인2기 프로그램 시간이다. 학생들은 체육 활동 하나는 기본이고 음악과 미술 프로그램들 중 1개씩을 선택해 참여한다. 악기를 연주하며 혹은 운동하며 땀을 흘린 후 공부로 생긴 스트레스를 어느 정도 털어낸 학생들은 저녁을 먹고 7시부터 자기주도학습에 들어간다.

하나고에서 자기주도학습이 본격적으로 진행되는 시간은 저녁 시간 이후다. 일반고 아이들이라면 학원에서 강의를 들으며 여전히 수동적인 학습을 하는 시간일 것이다. 수업, 1인2기 등 하루 일과를 마치고 저녁을 먹은 후 학생들은 면학실, 도서관, 미디어 스페이스, 소회의실 등에서 각자 자리를 잡는다. 수업 시간 못지않은 진지함으로 책을 읽고, 정보를 찾고 토론을 하며 혹은 독서실 책상에 앉아 혼자서 궁리하는 시간이다. 중간에 40분간 간식 시간도 있다. 하나고의 밤은 강제적인 야간 자습이 아닌 진정한 자기주도학습이 발휘되는 때이다.

밤 11시까지 자기주도학습을 마치고 기숙사로 이동한 후 점호를 한다. 기숙사는 4인 1실로 사감이 9명 상주한다. 12시면 의무 취침이지만 방의 불은 꺼지지 않는다. 침대나 책상에서 여전히 불을 켜고 책을 보는 학생들이 있기 때문이다. "새벽 1시 20분에는 강제 소등이지만 역시 침대에서 플래시에 의지해 책을 보는 아이도 있다"고 정철화 하나고 교감은 전했다.

하나고 학생의 일과표

시간	월~금	비고	토요일	일요일(공휴일)
6:00	6:40 기상			
7:00	식사		7:30 기상	7:30 기상
8:00	명상의 시간, 조회 8:20 1교시 시작		~8:30 아침식사	~8:30 아침식사
9:00				
10:00			8:30~12:00 토요프로그램, 교과별 체험학습, 교내경시대회	8:30~12:00 개인재량시간, 종교활동, 자기주도학습
11:00		정규 수업 7시간		
12:00	12:10 점심 식사		점심식사	점심식사
13:00	13:10 5교시 시작			
14:00			13:30–15:30, 16:00–18:00 주말 방과후 학교, 자기주도학습, 봉사활동/체험 활동	13:30–15:30, 16:00–18:00 주말 방과후 학교, 자기주도학습, 봉사 활동/체험활동
15:00				
16:00	7교시 종료, 20분간 준비시간 16:20 1인2기			
17:00	17:50 1인2기 종료			
18:00	저녁 식사	방과후 프로그램 5시간반	저녁 식사	저녁 식사
19:00	19:00–21:00			
20:00	방과후 수업, 자습		19:00–23:30 자기주도학습	19:00–23:30 자기주도학습
21:00	간식			
22:00	21:30–22:30 자기주도학습			
23:00	23:30 이동, 세면			
24:00	취침		취침	취침

기숙사 생활

●   2013학년 입시에서 가장 큰 특징은 기숙사학교의 선전이다. 교육평가원이 내놓은 전국 2342개 고등학교의 수능 1, 2등급 비율은 7.5%. 기숙사보유학교 883개의 1, 2등급 비율은 9.8%였고 기숙사가 없는 고교는 1459개로 1, 2등급 비율은 6%선이었다. 기숙사의 유무에 따라 무려 3.8%포인트 격차가 존재한다. 게다가 수능 1, 2등급 비율 톱100학교 가운데 기숙학교는 71개교나 포진했다. 주요 상위학교들은 대부분 기숙사 학교인 셈이다.

수시전형 결과를 보면 기숙사 학교의 위력을 볼 수 있다. 과고/영재학교와 예고를 제외하고, 서울대 수시모집에서 20명 이상을 합격시킨 학교는 하나고(44명), 민사고(40), 대원외고(39), 대일외고(31), 용인외고(26), 안산동산고(25), 상산고(24) 7개교였다. 이 가운데 기숙사가 없는 학교는 대원외고 하나뿐이다. 과연 '보딩스쿨 전성시대'라고 할 만하다.

명문고의 필요충분조건 '기숙사'

최근 명문고 중에 기숙사형 학교가 많다. 기숙학교의 가장 큰 특징은 사교육을 배제한 배타적 구조에 있다. 기숙사는 하나고에만 있는 특징은 아니다. 하지만 사교육을 지양하는 하나고의 시스템이 빛을 발하기 위해서는 기숙사 시스템이 필수적이다. 귀가도 월 1회만 가능하기 때문에 학원이나 과외 등 사교육이 전면 차단된다. 기숙사 생활은 자기주도학습을 성공적으로 추진해 나가는 데 필요충분조건이다. 학생들은 야간과 주말 시간을 활용해 각자가 관심 있는 교과의 심화과정이나 취약한 분야의 부족한 부분을 사교육 대신 방과후 수업이나 인터넷 강의 수강, 독학 등 자기주도학습을 통해 해결해 간다. 더불어 하나고 학생들이 1인2기와 동아리 활동을 활발히 할 수 있는 주요 배경에도 기숙사 생활을 통해 TV시청이나 친구를 만나 노는 등의 낭비되는 시간이 없기 때문이다.

전원 기숙사 생활을 하며 전인교육이 가능한 교육모델 '레지덴셜 칼리지' 프로그램은 외국뿐 아니라 국내 대학에서도 시도하고 있다. 기숙형 교육모델을 연세대, 한국뉴욕주립대, 이화여대(예정) 등이 시행 또는 계획하고 있다. 하나고가 유명 대학들에 앞서 실행한 셈이다. 학생들의 통학시간과 낭비시간을 줄임으로써 교육의 효율성을 가장 극대화시킬 수 있는 모델로 평가받고 있다.

김승유 하나고 이사장은 전원 기숙사 생활의 취지에 대해 이렇게 설명했다.

"제일 중요한 것은 학생들이 기숙사의 단체생활을 통해 준법성, 사회성, 배려심 등을 키울 수 있습니다. 특히 주말에도 일반 학교와 달리 학생들이 서로 함께 모여 다양한 동아리, 스포츠 활동을 할 수 있기 때문에 교우관계가 좋아지고 혼자 있으면 할 수 없는 다양한 경험들을 하게 됩니다. 아이들이 자체적으로 스터디 그룹을 만들어 학습을 하기도 하는데 주말에 귀가를 못하니 자연스레 사교육을 피하는 부수적인 효과도 있습니다."

하나고는 학생들의 기숙사 생활을 정착하기 위해서 여러 시행착오를 겪었다. 하나고는 자기주도학습 등 학업관리는 거의 완벽한 시스템을 갖추었지만, 생활 관리는 만만치 않았다. 기숙사는 4인 1실이며 총 9명의 사감이 학생들을 돌본다.

하나고 측은 설립 초기 학생들이 기숙사 생활을 하며 학생들이 스스로 청소, 세탁 등을 하도록 생활교육을 시킬 계획이었다. 중학교 때까지 어머니가 모든 것을 해주던 아이들이 하나고 기숙사에 와서 이런 것들을 잘해낼 리 만무했다. 기숙사 생활 관리는 하나고의 계획대로 진행되기 어려웠고 학부모 차원에서 반대도 있었다.

결국 하나고는 학업에 바쁜 아이들의 빨래와 세탁은 용역을 통해 해결하기로 하고 한 걸음 물러났다.

또한 설립 초기에 기숙사 방에 책상을 넣지 않았다. 아이들이 방에서 씻고 자고 나오기만 하면 된다고 생각했기 때문이었다. 하지만 학구열 높은 아이들을 중심으로 기숙사 방에 책상을 배치해 줄 것을 요구했다. 결국 4인이 함께 쓰는 기숙사에는 책상 4개가 놓이게 됐다.

교내 사복 착용문제도 하나고 3년 동안 논란이 계속됐던 문제다. 교복과 생활복이 있지만 학생들은 사복을 많이 착용했다. 학교 측이 이를 단속하거나 개선하기에는 쉽지 않았다. 학부모들의 의견도 만만치 않았다. 생활복의 품질 문제와 더불어 몇 벌 안 되는 생활복만 갖고 생활하기에는 힘들다는 항의였다. 하지만 이 부분에서는 학교 측의 의지가 단호했다. 그래서 학생과 학부모의 반대에도 불구하고 2013학년도부터 교칙을 통해 사복을 전면 금지했다.

한편, 학생들에게는 학교 친구들과 기숙사에서 동고동락하며 많은 추억을 쌓기 때문에 아이의 인생에서 고교시절 기숙사가 갖는 의미는 매우 크다고 할 수 있다. 사회적 네트워크가 중요한 현대사회에서 이렇게 맺어진 친구는 평생 유지되며 여러 방면에서 서로 조력자가 될 수 있다. 특히 하나고에는 우수한 인재가 모여 있고 현재 각 명문 대학으로 배출한 만큼 이들이 사회로 진출해서는 '하나고 인맥'이 하나의 파벌을 형성할지 모른다.

"처음에는 룸메이트들과 어색하기도 하고, 어떤 점을 배려해야 할지 막막해서 서로 간에 장벽이 생기기 마련이었다. 하지만 룸메이트들과 친해지고, 주변 방 친구들과 친해지면서 하나고 학생들은 룸메이트 사이에서, 넓게는 전교생 사이에서 자신이 누구인지 알아간다. 그동안 가정의 품 안에서 볼 수 없었던 진정한 자신의 모습을 학교라는 공동체 안에서 보게 되는 것이다."(하나고 1기 박세준)[1]

하나고의 일과는 **빡빡하다**. 하루와 한주를 헛되이 보내는 시간 없이 정신없이 학업과 운동에 투자하는 가운데 푹신한 침대가 있는 기숙사는 학생들이 사랑하는 안식처다. 그리고 같은 방 쓰는 친구들은 가족의 역할을 대신하게 된다. 물론 룸메이트 간 갈등이 있거나 기숙사 방에서 공부하는 것을 좋아하는 아이들은 기숙사의 의

---

1 〈하나고 1기, 우리들의 이야기〉 중

미가 조금은 다를 것이다. 하지만 집에 자주 가지 못하는 학생들에게 기숙사는 편하고 쉴 수 있는 가장 아늑한 공간이다. 특히 룸메이트와 놀기도 많이 하고 고민도 나누고 좋은 일은 함께 기뻐하며 미운 정, 고운 정이 두텁게 쌓여 간다.

하나고 학생들의 일탈

● 　　하나고에는 공부벌레로 비치는 모범생만 모인 것은 아니다. 개성이 강한 아이들도 많이 모여 있다. 그리고 한창 호기심이 많고 장난이 심한 청소년들이 마치 로봇처럼 정해진 대로만 학교생활을 했을 리 없다.

하나고의 빡빡한 일정과 엄격한 기숙사 규율을 살짝 위반하는 나름대로의 소심한 일탈도 많이 일어나고 있다. 하나고 학생들의 일탈은 학교에서 나오는 공식 자료로는 절대 알 수 없다. 하나고 학생들을 만나 이야기해도 순순히 털어놓을 리 없다. 하지만 하나고 1기 학생들이 졸업하면서의 감회를 담은 〈하나고 1기 우리들의 이야기〉에는 학칙 위반 사례들이 고스란히 적혀 있다.

몇 가지 사례를 살펴보면, 가장 흔하게 자행(?)되는 교칙 위반이

'야간 치킨 배달시켜 먹기'다. 하나고 내에 외부 음식 반입은 금지돼 있다. 하나고 식당의 급식이 나쁜 수준은 아니지만 성장기 아이들이 어떻게 밥만 먹고 살 수 있겠는가. 그래서 아이들은 야간 자습 시간이면 첩보전을 방불케 하는 작전으로 치킨을 시켜 먹는다.

우선 3~4명이 한 조를 이뤄 인근 치킨 집에 배달을 주문한다. 배달된 치킨을 받기 위해 치킨 수령 담당자는 학교 담을 넘어 배달원과 접선한다. 그리고 감시를 피할 수 있고 냄새도 차단할 수 있는 으슥한 약속 장소로 치킨을 가져오면 하나둘씩 모여들어 치킨을 흡입한다. 순식간에 해치운 치킨의 잔해를 완벽하게 처리하는 것도 중요하다. 초보범의 경우 닭뼈를 잘 처리 못해 사감이나 교사에게 발각되는 경우가 있다. 학교 외진 곳의 쓰레기통에 시식자들의 흔적을 남기지 않고 처리하면 일련의 일탈이 완성된다. 이런 일탈에 재미를 붙인 아이들은 '외부 음식 시켜먹기 모임'을 만들어 주기적으로 하기도 하고, 배달 음식이 치킨만이 아니라는 사실에 감탄하며 메뉴를 바꿔 도전하기도 한다.

은밀하게 위대하게

다른 일탈 중 하나는 '땡땡이'다. 지치고 힘들 때 1인2기 수업을 몰래 빼먹거나 면학실에서 조용히 사라지는 아이들이 있다. 어떤 아이들은 보건실에 가서 잠을 자기도 하고 주말이면 담장을 넘어

영화 한 편 보고 오는 과감한 시도도 한다. 고민이 있는 아이들은 일과에서 그냥 조용히 빠져나와 교내 산책길을 걷기도 한다. 하나고 학생들은 룸메이트와 함께 생활하다 보니 혼자만의 시간을 갖기가 힘들다. 그래서 땡땡이를 치든 주말 아침 일찍 일어나든 혼자만의 시간을 즐기기 위해 산책로를 찾곤 한다. 황톳길이라 불리는 교내 산책길은 혼자 사색하기 좋은 공간으로 많은 학생들이 즐겨 찾는 곳이다. 스스로 힐링하는 공간인 셈이다. 북한산 자락에 위치한 하나고 교정은 꽤 넓기 때문에 각자 자기만의 비밀 장소를 하나씩 갖고 있는 듯하다.

그리고 '은밀하게 위대하게' 이뤄지는 일탈은 컴퓨터 게임이다. 하루 일과를 마치고 기숙사 방으로 돌아오는 밤 11시 반 이후 취침하기 전까지 방에 있는 노트북을 이용해 컴퓨터 게임 한판이 벌어진다. 가장 인기 있는 게임은 2인용으로 축구를 할 수 있는 '위닝 일레븐'. 룸메이트끼리 팀을 나눠 전반, 후반을 나눠 두 명씩 대결하기도 하고, 승부에 따라 내기도 한다.

그리고 푹 자야 할 깊은 밤 동안 이야기꽃이라도 피는 날이면 수다를 떨다가 밤을 새기도 한다. 특히 이성에 대한 주제가 나올 때는 열띤 토론을 하느라 시간 가는 줄도 모른다.

하나고 내의 치킨 시켜 먹기, 담 넘기, 영화 보기, 땡땡이, 컴퓨터 게임, 밤새 수다 등의 이야기를 듣고 '저래도 되나' 하는 학부모가 있다면 너무 각박한 시선이 아닐까 싶다. 따지고 보면 일반 고등학생들은 그렇게 어렵지 않게 평소에 하는 것들이다. 다만 기숙학교에 갇힌 아이들에게 금지된 것들이라 걸려서 혼날 각오를 하며 시도하는 것이란 점이 다를 뿐이다. 기숙사 생활을 해본 사람이면 이 정도의 규율 위반도 없는 곳은 존재하지 않는다는 사실을 알고 있을 것이다. 그리고 스릴 넘치는 일탈은 평생 기억에 남을 멋진 추억이 되기도 한다.

학부모의 역할

●   "학부모들도 자식들 학업 걱정에 얽매이지 않고 다른 일을 하시거나 여가 활동을 즐김으로써 가족관계가 더욱 돈독해지기를 희망하고 있어요."(김승유 하나고 이사장)

학부모의 입장에서는 24시간 자녀의 생활을 관리할 수 없는 현실에서 학교에 믿고 맡길 수 있는 점은 큰 효용이다. 물론 학교에 대한 신뢰가 전제돼야 할 것이다. 고교생 자녀를 둔 가구에서는 하루하루가 전쟁인 경우가 많다. 자녀의 학업 관리와 더불어 일상생활 관리까지 학부모들은 뒷바라지에 여념이 없지만, 성공적으로 해내는 부모는 많지 않은 것 같다.

"공부해라", "TV 그만 봐라", "어디 가니?", "게임은 밥 먹기 전까지만 해라", "밥 먹어라", "방 좀 지워라", "성적이 이게 뭐니?", "유명 학원이 있는데 가볼래?" 등등.

아무리 아이가 모범생이라 하더라도 부모의 잔소리는 없을 수 없다. 더 나아가 부모가 일일이 따라다닐 수 없는 학교나 학원에서 자녀가 어떻게 하고 있는지 모니터링 하는 것은 불가능하다. 그래서 부모는 늘 자녀에 대한 불안한 마음을 지울 수 없다.

하나고의 경우 학교가 학생의 학업지도와 생활지도까지 모두 도맡은 시스템이다. 학교의 시스템이 가령 완벽하고 학생을 성심성의껏 지도한다고 해도 '우리 아이가 잘 적응하고 공부에 집중하고 있는지', '학교가 방관하고 있는 것은 아닌지'의 걱정은 놓을 수 없다.

하나고의 설립 초기에는 학부모들의 불신이 강했었다. 신생학교여서 새로운 교육 시스템에 대한 검증이 아직 안 됐었고 시스템 자체도 안정되지 않아 미완성이거나 시행착오도 있었기 때문이었다. 그래서 설립 첫해에는 하나고에서 다른 학교로 전학 간 학생도 일부 있었다. 당시 학부모들의 요구는 '1인2기의 시간을 줄일 것', '외출, 외박을 늘릴 것', '기간제 교사를 줄일 것', '국제반 만들 것' 등이었다. 1인2기 시간에 공부를 더 하는 것이 좋다고 주장하는 학부모도 있었고, 주말에 학원에 가야 하기 때문에 외출을 시켜달라고 집요하게 요구하는 이도 있었다. 설립 초기 하나고는 사교육을 둘

러싸고 학부모와의 씨름을 해야 했다. 심지어 학부모가 과외선생을 데리고 학교 기숙사 주차장에 와서 기다리는 촌극까지 있었다. 교문을 통제하는 방법으로 사교육을 맹신하는 학부모와의 전쟁은 일단락됐다.

일반적으로 교육기관에 있어서 학부모는 절대 '갑'이다. 학부모가 반대하는 일은 어떤 것도 진행될 수 없다. 하지만 하나고의 일부 학부모가 요구했던 사안은 하나고의 설립 취지를 흐리게 하고 뿌리를 흔드는 내용이었다. 김승유 이사장과 김진성 교장은 학부모들의 설득에 나섰다. 학교의 시스템에 대해서는 확고한 의지를 갖고 있었다.

하나고 1기의 입시전략이 어떤 방향으로 갈지 불투명했고 학부모들의 불만도 많아 하나고 측은 2011년 가을 대대적인 진학설명회를 가졌다. 학부모들을 시내 한 호텔 그랜드 볼룸에 초청해 학교의 운영위원회, 교사 모두 모여 대화하는 자리를 만들었다.

이 자리에서 학교 측은 학생들이 1인2기, 동아리활동을 활발하게 하는 것은 결국 입시에서 좋은 평가를 받는 요인으로 작용할 수 있다는 점을 구체적으로 설명했다. 그리고 교육기관으로서 나아갈 방향을 정한 이상 꾸준히 밀고 나가야 하고, 학부모마다 요구하는 상황에 이렇게 저렇게 휩쓸리면 참교육을 실행하기 어렵다는 입장을 설명했다. 학교에 대한 불신과 불만은 이후 어느 정도 사그라졌지만, 첫 졸업생을 배출한 2013년 초까지 학부모들 사이에서 완전히 사라진 것은 아니었다.

하지만 2013학년도 입시 결과에서 괄목할 만한 성적으로 국내 명문대 진학 탑 순위에 안착하면서 학부모들 사이에 자리 잡았던 의구심은 거의 사라졌다. 신생 학교의 어수선한 상황이 입시결과가 나오자 한 방에 정리됐다. 하나고 측에서 첫 번째 입시 결과를 갖고 2, 3, 4기 학부모들과 보다 적극적인 커뮤니케이션을 하려는 노력을 하고 있다. 하나고는 한 학기에 한 번씩 학부모 컨퍼런스와 학부모 상담 기간을 운영하고 있다. 학부모들은 학년협의회를 통해 자체적인 논의를 갖고 학교 교육에 대해 자유롭게 의견을 제시하고 있다. 선진국의 학교일수록 학부모 컨퍼런스가 활발하게 이뤄진다. 외국의 경우 아이의 학교 활동에 대한 보고와 이에 대한 개선 방안을 논의하는 것이 대부분이다. 하지만 국내에서는 입시의 중요성이 강조되기 때문에 하나고에서도 입시 전략을 함께 공유하고 논의하는 것이 주요 안건이다. 학부모 컨퍼런스에서는 각 대학의 입시 정책을 설명하고 진학 프로그램에 대한 이야기가 오고 간다. 반면 1인2기 활동에 대한 이야기는 비교적 없는 편이다.

그리고 학부모와 교사의 상담에서는 그동안 이뤄진 학생에 대한 평가를 공유하는 식으로 이뤄진다. 인원수가 적어 교사가 학생 관찰을 많이 할 수 있다 보니 학부모와 이야기를 나눌 내용이 풍부하다.

스케줄 관리에서 벗어나 소통에 주력해야

아이를 하나고에 전적으로 맡기고 학부모는 시간적으로 더 자유로울 수 있다. 하지만 일반고에서의 학부모 역할과는 다르다. 단지 학교에 자녀 교육을 전가하는 것이 아니라 보다 적극적으로 자녀 교육에 참여해야 하는 것이 하나고의 학부모들이다. 하나고가 새롭게 제시하는 교육 시스템 안에서 학부모가 해야 할 일도 다르다.

기존에 학부모의 역할이 스케줄을 짜주고 학원 및 입시정보를 수집하며 잔소리하는 것이었다면, 하나고에 이런 일들을 맡긴 학부모는 자녀와의 소통에 더욱 힘을 실어야 한다. 어찌 보면 이것이 학부모에게 있어 더 힘들고 어려울 수도 있다. 하지만 진정한 부모의 역할을 찾는 과정이라고 평가할 수 있다.

하나고 학부모들의 역할에 대해 김진성 교장은 다음과 같이 말한다.

"하나고에서는 학부모들이 뭐가 좋은지 대신 알아봐주거나 어떤 진로와 대학을 결정해 주지 않아도 됩니다. 학생들 스스로가 고민하고 깨닫고 찾아갈 테니까요. 다만 아이의 이야기를 적극적으로 들어주고 뭐에 관심을 두고 있는지 그리고 어떤 정보가 더 필요한지 등에 대해서 조력자 역할을 해주길 바랍니다. 그러려면 아이, 학교와 더 많은 소통을 해야 해요. 많은 학부모가 대학 진학까지가 자신의 역할이고 종착지라고 생각하는 데 그렇지 않아요. 장기적인 시선으로 아이가 자기가 진정 원하는 것을 찾고 이뤄낼 때까지 끊임없이 옆에서 지켜봐 주고 도와줘야 합니다."

시험 및 내신

● 　　하나고 시험의 특징은 무감독이라는 점이다. 교사는 시험지를 나눠주고 10분 있다가 교실을 나간다. 문제에 이상이 있는 경우를 대비해 멀리 가지는 않고 복도에 서 대기한다. 중간 점검을 위해 한두 번 교실에 들어갈 뿐 학생들을 감시하지는 않는다. 그리고 시험이 끝나면 답안지를 수거하러 들어간다.

하나고 설립 두 번째 해인 2011년 중간고사부터 처음으로 무감독 시험을 실시했을 때 학생들의 반대가 심했다. '하나고는 경쟁이 심하므로 커닝이 많을 것이다' 등의 반발이 있었다. 학교는 학생들에게 왜 무감독 시험을 하는지 차근차근 설명해 나갔다. 하나고가 무감독 시험을 실시하는 이유는 '아이들에게 자긍심을 주자'는 의도 때문이다. 여기 모인 학생들은 감독과 관리를 받지 않아도 자율적으로 뭐든 해낼 수 있는 인재라는 자긍심이다. 무감독 시험에 대해 교육청에서 제재가 들어오면 책임을 지겠다는 각오로 실시했다. 교사와 학생들 모두 처음에는 약간 어색해했지만, 몇 번의 시험을 거치며 하나고의 특색으로 이제는 자리 잡았다. 사실 만만치 않은 시험 문제를 만난 학생들은 무감독이나 커닝을 신경 쓸 새가 없다. 시험에 몰두하지 않을 수 없기 때문이다.

정답이 없는 시험은 존재할 수 없다?

내신 성적을 결정짓는 중간고사, 기말고사는 하나고에서 어떻게 진행되는가. 일반고의 정규 교과와 다른 커리큘럼을 갖고 있고 우수한 영재들이 모였다는 점에서 시험 또한 다른 방식으로 치러져야 하는 것은 당연하다.

하나고의 커리큘럼에 걸맞은 이상적인 시험방식은 대학과 같은 서술형이다. 하지만 국내 교육 현실에서 이는 한계에 부딪힌다. 교육청 규정상 시험은 서술형 주관식이 25~35%로 정해져 있다. 그리고 정답이 없는 창의적 생각을 묻는 '어떻게 생각하는가' 형식의 문제를 출제할 수 없다. 논란이 있어서는 안 되는 모범 답안이 하나가 나오도록 문제를 내야 하는 것이다. 시험문제와 답안까지 교장의 결제를 받아야 하는 것이 현 교육부의 규정이다. 채점 기준을 학생과 학부모가 열람할 수 있어야 하고 수긍하지 못하는 경우에는 교육청에 민원도 넣을 수 있다. 때문에 정답이 없는 문제에 학생이 '왜 내 답이 틀렸냐'는 이의를 제기하면 학생, 교사, 학부모, 학교가 모두 복잡한 문제를 직면하게 된다. 때문에 하나고는 몇 개 고급과목이나 과제연구 등을 제외하고는 서술형 시험을 실시하지 않고 있다.

실제 영문학을 가르치는 한 외국인 교사의 시험이 문제가 된 적이 있었다. 외국인 교사는 미국고등학교에서처럼 주제에 대해 '어떻게 생각하는가'란 문제를 출제했다. 교사가 의도한 출제 방향과 채점 기준에 의해 점수를 부과했으나 한 학생이 성적이의신청을 했다. 문제 출제와 정답이 교육청 규정대로 결제가 됐는지, 어떻게 정답이 없는 문제가 시험에 나올 수 있는지가 논란이 됐다. 외국인 교사는 '창의적 교육'에서 어떻게 정답이 정해져야 하는지 이해할 수 없다는 입장을 피력했다. 이런 논란이 있은 후, 정답이 없는 창의성을 묻는 시험 문제는 가급적 배제하기로 했다.

대신 학생들의 창의성을 테스트하기 위한 수단은 수행평가로 대체됐다. 수행평가에서는 퀴즈나 리포트를 통해 서술형 답변을 평가할 수 있다. 국어의 경우 인터뷰를 해오고, 수학은 문제 풀이를 UCC동영상으로 제작해야 하기도 한다. 악기를 사용해 화음을 만들어 오는 음악 과제도 있다. 대부분의 과목은 조사, 연구, 발표, 리포트 형식으로 과제 연구가 이뤄진다. 이를 위해 학생들은 교사에게 배운 지식을 실제 상황에 대입해보고 문제를 해결하는 학습을 하고 그 결과를 교사에게 평가받는다.

김진성 하나고 교장은 "학교를 순시하다보면 구석구석에서 혼자 발표 연습을 하고 있는 아이들을 볼 수 있다"며 "발표를 앞두고는 끼니도 거르면서 준비에 매달리는데 이런 과정에서 아이들이 지적 성장을 이뤄낸다"고 말한다. 그리고 "이것이야말로 하나고 교육의 보이지 않은 강점"이라고 자신했다.

하나고 시험문제는 매우 까다롭다

하나고의 중간고사, 기말고사는 수능의 패턴에 따른 내신형 평가문제가 출제된다. 국영수 등 일반 교과의 경우 객관식과 주관식의 혼합형이며 정답이 명확히 존재한다. 대신 난이도를 상당히 높이거나 복잡하고 까다롭게 출제하는 것이 특징이다.

일반고는 시험범위 안에서 거의 문제까지 찍어준다. 그리고 이를 얼마나 숙지했는지에 따라 높은 점수를 받을 수 있다. 하나고에서 이런 식으로 평범한 문제를 내면 평균 90점이 나와 학생간 공부 변별력을 갖출 수 없다. 하나고 아이들은 웬만하면 자습서의 토시 하나까지 완벽히 외우고 시험에 임하기 때문이다.

그래서 정해진 시간에 다 읽기 힘든 양의 지문을 주거나 정답을 찾기까지 2~3번 이상의 과정을 더 거쳐야 하는 등 조건을 까다롭게 해 문제를 만든다. 그래야 더 확실히 공부한 아이가 점수에서 차이를 둘 수 있다. 그러다 보니 재밌는 점이 생겼는데 교사들은 문제를 까다롭고 어렵게 내서 반 평균 점수를 80점대로 유지해야 하는 목표가 생긴 게 그것이다.

하나고에서 3학년에게 실제 출제됐던 2013학년도 1학기 기말고사 〈논리적 글쓰기〉 과목 시험 문제를 살펴보자.

다음 글을 읽고, 〈보기〉의 (가)와 (나)에 대해 논하시오.
(단, 제시된 조건 2가지를 반영한 서술을 자연스럽게 연결하여 완결할 것. 서술 분량 제한은 없으나 충분히 설득적이고 논리적으로 서술할 것. 어법이나 호응이 어색한 부분에는 감점 있음.) [총 20점]

> 인간은 지능과 사회성을 활용해 자신을 닮은 존재를 만들고 싶다는 욕망을 유전자의 보존과 전달이라는 차원을 넘어 상징적 차원으로까지 넓혀왔다. 그런 확장된 욕망은 로봇, 안드로이드, 사이보그, 가상세계 등 다양한 형태를 띠고 있으며 점차 유전자와 몸이라는 한계에 구애받지 않는 존재의 확장을 실현하고 있다. 또한 인간의 타고난 몸과 기술문명의 직간접적 매개는 노동, 생명연장, 생식, 미, 성의 영역 등 인간의 삶 전반에 관여하고 있다. 인간의 범사이보그화, 즉 사이보그의 일상화는 이미 도래된 현실이다.
>
> 몸에 대한 이러한 기술의 개입에 대해서 조건부로 찬성하는 입장이 있다. 여기서 조건부란 삶의 질을 향상시키고 그 혜택이 고루 주어지는 사이보그화만을 지향한다는 의미이다. 이러한 입장에서는 몸의 사이보그화를 공포가 아닌 비판적 실천의 과제로 본다.
>
> — 한국철학사상연구회, 『인간을 이해하는 아홉 가지 단어』 중에서

> (가) 2006년 7월 《네이처》에는 목이 부러져 전신이 마비된 25세의 미국 환자가 뇌에 컴퓨터로 연결되는 장치를 이식해 생각만으로 이메일을 열고, 텔레비전을 조종하고, 로봇팔을 이용하여 물체를 이동시킬 수 있다는 연구 내용이 소개돼 관심을 끌었다.
>
> (나) '혜진'은 트렌스젠더로서 이 사회의 주변부같은 존재다. 그에게는 타고난 남성男性적 몸의 정체성과 심리적 정체성이 달랐고, 성전환 수술은 그러한 분열을 극복하는 유일한 출구였다. 그러나 사람들은 몸의 자연성을 거부한 그를 이해하지 못했다.

조건 1. 몸의 사이보그화에 찬성한다는 전제 하에, (가)와 (나)가 각각 인간의 어떤 욕망을 어떻게 확장한 사례인지 서술할 것. [10점]

조건 2. 그 '확장'이 인류에게 어떤 발전의 방향성을 제시할 수 있는지에 대해서 서술할 것. [10점]

[예시 답안]

> (조건1)(가)의 미국 환자는 전신이 마비되어 신체가 원래의 기능을 하지 못하게 된 상황에서 기술의 매개로 사이보그가 되어 자신이 의도하는 행위를 할 수 있게 되었다. 이것은 유전적이고 생물학적인 몸이 더 이상 제기능을 하지 못하게 될 때에도 자신의 존재를 확인하고 의도하는 행위를 지속하기를 바라는 인간의 욕망이 신체를 대체한 기계에 확장된 사례인 것이다. (나)의 '혜진'은 생물학적으로는 남성의 몸으로 태어났음에도 불구하고, 성전환수술을 받아 여성이 되었

다. 이것은 육체와 심리의 일치성을 추구하는 인간의 욕망을 보여주며, 몸의 정체성을 기술로 전환하는 사이보그가 됨으로써 그 욕망을 확장한 사례라고 할 수 있다.(조건2)이러한 몸의 사이보그화는 인류의 한계나 불완전함을 드러내는 동시에, 복지와 평등, 삶의 방식의 다양성에 기여할 수 있다. 위와 같은 사례에서 (가)의 장애인이나 (나)의 트렌스젠더들은 사회적 약자에 해당하는 사람들이다. 신체적 한계나 자아정체성의 문제로 인해 삶의 질을 위협받는 약자에게 선택의 기회를 제공하는 것은 나아가 인류 전체의 자유와 평등의 가치를 제고하는 데에도 중요한 의미를 지닌다고 할 수 있다.

[채점 기준]

(기본 점수)	20점 만점을 기본 점수로 하여 아래 점수 기준에 따라 감점하는 방식으로 채점하되, 논리가 지나치게 생략적이거나 서술이 충분치 못할 때는 10점(50%)을 기본 점수로 하여 감점과 추가 인정점수를 구분하며 채점함.
다음 항목에 해당할 때마다 각 −3점	1. 주어진 논제(및 조건)에서 벗어난 서술을 할 때마다 2. 근거(전제)로 들고 있는 정보나 의견이 사실(fact)에서 벗어난 내용일 때 3. 글이 일관성과 통일성을 유지하지 못하고 있다고 판단될 때
다음 항목에 해당할 때마다 각 −1.5점	1. 전제와 소결론들 사이의 연결이 어색할 때 2. 서술에서 활용한 용어(개념)가 맥락상 부적절할 때
각 −0.5점	문장의 호응이나 맞춤법 등이 잘못되었을 때마다

하나고의 내신

내신 평가는 교육부 규정에 따라 상대평가로 9등급으로 나눠야한다. 하지만 하나고의 수업은 12명이 수강하는 경우도 있다. 이수업의 경우 상위 4%인 1등급이 존재할 수 없다. 12명의 4%는 0.48명으로 이 수업에서 반 1등 성적을 거둔다 해도 내신등급으로는 2등급부터 시작되는 것이다. 또한 고급 영어 과목에서 하나고학생들이 4등급을 받더라도 일반고 영어 1등급보다 실력이 뒤쳐진다고 말할 수는 없다.

하나고의 커리큘럼상 특징 때문에 전교 1등도 전 과목 1등급이라는 성적을 가질 수 없다. 실제 하나고 전교 1등의 내신 등급은 2.4등급이다. 하나고에서는 무척 뛰어난 아이가 5, 6등급인 경우도 많다. 하나고의 설립 초기 다른 학교로의 전학을 결정했던 아이들은낮은 내신이 이유였다.

하나고는 앞서 살펴봤듯이 내신의 제약을 받지 않는 수시전형에많은 학생들을 합격시켰다. 수시가 아니라 정시전형에서 승부수를띄워야 하는 아이들은 내신보다 수능에서 높은 점수를 받음으로써결국 대학 합격을 이뤄냈다. 결국 낮은 내신 등급은 대학이 하나고학생을 선택하는 데 아무런 걸림돌이 되지 않았음이 2013학년도입시 결과를 통해 입증됐다.

하나고 교사

우수 교사진이 승부수

하나고 교사들의 특징을 몇 가지로 축약할 수 있다. 첫째, 교과 전문성을 확보하고 있다. 하나고의 홈페이지에는 교사들의 약력을 모두 공개하고 있다. 국내 명문대 출신은 물론이고 대부분 석사학위를 보유하고 있고 박사급도 꽤 눈에 띈다. 하나고 정교사의 석·박사 비율이 70%가 넘는다. 학위를 넘어서 하나고에 오기 전 경력이 화려하다. 특목고, 유명 입시 학원 근무 경력 등이 있다.

특히 실력이 검증된 교사들에게 기회가 주어지는 수능 모의고사 출제 및 검토위원, EBS 강사, 교재 및 교과서 편찬위원 등 화려한 경력을 가진 교사들로 구성됐다. 또 하나, 대학 입학사정관 출신 교

사들이 포진돼 있는 것도 강점이다. 학생들을 입학사정관전형 등 다양한 요소로 선발하는 수시전형에 초점을 맞춰 가르치는 데 특화돼 있다.

석·박사 학위와 화려한 경력을 떠나 하나고에 온 이상 교사들은 새롭게 재정비돼야 한다. 영재들을 가르치기 위해서는 교사들의 교과목 연구가 더 깊게 선행돼야 하기 때문이다. 짧은 시간에 고난이도 학습과제를 많은 양 부과해도 하나고 아이들은 마치 스펀지처럼 모두 다 흡수해낸다. 그리고 "그게 맞아요?", "왜 그렇죠?" 등 질문을 주저하지 않는다. 때문에 교사의 수업 준비는 철저할 수밖에 없다. 또한 특정 과목에 탁월한 재능을 보이는 아이들이 있기 때문에 심지어 교사들과 함께 연구를 진행하기도 한다. 한 수학 교사의 경우 수학 실력이 특출난 아이들과 팀을 이뤄 박사급 논문을 준비하고 있기도 하다.

하나고에는 기간제교사가 많다. 하나고 교사 수의 약 50%를 차지하고 있다. 하나고는 아직 교사 구성을 마친 상태가 아니다. 하나고는 전적으로 교사선발을 공개채용제로 진행한다. 하나고의 정교사가 되기 위해서는 수년간에 걸쳐 평가를 받아야 한다. 교과목에 대한 전문성과 교육 스킬은 물론 인성, 덕성 그리고 아이들에 대한 애정도 등이 검증돼야 정교사가 되고 교육청에 등록이 된다. 그 전까지는 기간제 연장을 통해 검증의 과정을 거친다. 하나고는 사립고이기 때문에 한 번 정교사가 되면 정년까지 함께 간다. 공립학교의 정교사가 3년마다 학교를 옮기는 것과 차이가 있기 때문에 하나고는 정교사 선발에 신중할 수밖에 없다.

한편, 하나고 교사들은 젊다. 30대에서 40대 초반이 대부분으로 아버지, 어머니뻘 교사가 아닌 삼촌, 이모뻘이다. 학생들과 소통하고 교류하는 데 좋은 조건이다. 하나고의 교사 1인당 학생 수는 11.2명으로 서울 평균(15.8명)보다 훨씬 적다. 심화·토론수업과 개인별 밀착지도가 많고 기숙사 학교의 특성상 아이들과 함께 보내는 시간이 많기 때문에 아이들과의 소통능력은 매우 중요하다.

하나고에서는 새로운 교사 문화도 형성되고 있다. 일반고와 달리 교사의 역할 또한 하나고에서는 몇 배로 가중된다. 교사의 전형적인 모습으로 비쳤던 권위적, 형식적, 상투적 등의 부정적인 단면을 타파하고, 열정, 헌신, 애정, 인성, 덕성을 갖출 것이 요구된다.

기업식 성과주의 도입

하나고 교사들은 대부분 '우수한 학생들을 가르치는 것이 교사로서 최대의 보람'이라고 말한다. 하나고의 설립 이래 지난 3년 동안 교사들은 헌신적이고 열정적으로 아이들에게 정성을 쏟았다. 하나고의 시스템 안착과 입시 돌풍은 하나고 교사들의 숨은 공로가 가장 튼튼한 주춧돌이 되어 이루어진 것이 사실이다. 이제 하나고 차원에서 중요한 과제는 교사들의 열정을 어떻게 지속가능하게 하느냐이다.

하나고는 금융기업 설립 학교답게 기업의 성과주의를 과감히 도입했다. 평가에 따른 인센티브를 제공한다. 정철화 교감에 따르면, 교사는 한 학기에 한 번씩 학생, 동료교사, 관리자의 평가를 받는다. 4등급으로 나눠 각 등급에 따라 인센티브의 %가 정해진다. 고3 담임은 진학 지도에 따른 추가 인센티브가 주어진다.

정철화 하나고 교감은 "고등학교에서도 기업처럼 성과에 보상이 있는 문화가 필요하죠"라며 "교육이라는 큰 그림을 그리는 데 있어 교사의 역할이 핵심이므로 목표 달성을 위해 성과주의를 도입해 열정적인 교사를 확보할 수 있다"고 말한다.

또한 하나고는 최근 들어 교사의 전문성을 높이기 위해 연수 프로그램을 시작했다. 교사들도 아이들을 지도하려면 공부를 해야 하고 인성을 쌓아야 한다는 것이다. 교사들도 다양한 외부 교육기관의 프로그램에 참여하고 15시간 교육 받으면 1학점으로 인정된다.

일정시간을 이수한 교사의 학점은 인사고과에 반영된다. 또한 하나고는 교사의 해외 연수 프로그램을 준비하고 있다. 교사들도 자기계발을 할 수 있는 방법을 만드는 것이다. 그리고 연구년도도 도입을 검토하며 지속가능한 교사의 열정, 헌신을 확보하려 하고 있다.

학교 측이 교사들에게 강조하는 가치는 바로 '상담'이다. 1기 졸업생을 배출하고 이들의 피드백을 수집해 본 결과 무엇보다도 중요한 가치가 '교사가 옆에서 얼마나 돌봐줬냐'였다. 하나고는 설립 첫해 교사당 학급인원이 25명이었다. 하지만 두 번째 해부터 교사 밀착지도의 효과를 높이기 위해 한 학급 정원을 12~13명으로 정하고 교사당 학생 수를 절반으로 줄였다.

하나고 식당에 가보면 담임교사가 같은 반 아이들과 함께 점심을 먹는 모습을 쉽게 볼 수 있다. 또한 수업 외에도 특별히 아이들과 학교 밖에 나가 함께 외식을 하는 등 소통의 기회를 만든다. 학습에 관해서는 정해진 상담 시간이 있지만, 그 외에도 생활을 같이하면서 이야기를 가급적 많이 나누려는 노력을 한다.

한편, 학교 차원에서 학부모가 교사에게 주는 선물을 철저히 차단하고 있다. 학부모들이 학교를 방문할 때 성의 차원에서 음료수 등을 건네는 것은 묵인됐었다. 하지만 음료수뿐 아니라 케이크, 떡 등 선물이 다양해지면서 학교 측에서는 청탁성인지 감사의 인사인지 구분하기 어려워졌다. 그래서 하나고에서는 교사에게 전달된 선물은 모두 교장실로 전달되고, 교장은 모두를 학부모에게 되돌려 보내고 있다. 2012년 동안 이렇게 반송된 선물건수는 총 14건에 달

한다. 만일 꽃이 배달된 경우는 날짜가 지나 시들면 새로 사서라도
반드시 반송하겠다는 것이 학교 측 입장이다.

하나고의 시설

● 　하나고는 지난 2011년 KBS2 드라마스페셜 '화이트 크리스마스'의 촬영지로 이용될 만큼 현대적이고 예쁜 교정을 갖고 있다. 하나고의 교정은 대지면적 26,447㎡에 건축면적은 9,542㎡로 비교적 넓고 쾌적한 규모다. 모든 건물이 대부분 통유리로 돼 있어 자연 채광이 가능하고 북한산 자락을 멀리 조망하고 있다. 하나고는 북한산의 생태 흐름과 이어지도록 설계됐다. 자연의 흐름에 따라 운동장, 교과동, 식당, 기숙사를 배치해 자연과 하나고가 하나의 생태계처럼 조화롭다.

　하나고의 시설은 설립 때부터 '귀족학교'라는 선입견이 생기며 관심의 대상이 됐다. 특히 '대중 공연장과 비슷한 규모의 아트센터', '국제 스포츠 행사 유치 기준에 적합한 체육관', 'SBS가 직접 지

어주고 실제 방송국의 첨단설비가 갖춰진 방송실' 등이 화제가 됐다. 일반 고교와 학생들에게는 부러움을 살 수밖에 없는 대목이다. 실제 하나고는 2010년 교육과학기술부(현 교육부)가 주관해 선정하는 우수시설학교 심사에서 최우수상을 수상한 바 있다.

하나고의 시설을 하나씩 둘러보자. 우선 전교생이 3끼와 간식을 해결하는 식당은 학부모들에게는 가장 관심이 가는 중요한 시설일 것이다. 기숙사 옆 어울림동 2층에 위치해 600명 전교생을 수용할 수 있는 학생시설은 넓고 쾌적하며 뷔페식이다. 급식은 설립 이후 2012년 7월까지 3년간, 중식만 직영으로 운영하고 조식, 석식, 간식은 동원푸드에 위탁해 운영해 왔다. 대부분의 학생과 부모는 급식비를 상대적으로 더 내더라도 양질의 급식을 배급받는 것이 중요하다고 의견을 모았고 결국 학교 직영으로 전환했다.

학교 직영으로 바뀐 후 위탁업체가 제공하는 음식보다 메뉴가 다양하고 맛 또한 향상돼 전체적으로 만족감을 높였다. 성장기의 아이들과 특히 수험생은 체력관리가 중요하기 때문에 맛과 영양에 균형 있는 조화가 필요하다. 하나고 영양사의 말에 따르면 학생들의 기호도와 섭취량을 고려하여 단백질과 칼슘량을 타 학교에 비해 약 2.2배 높여 식단을 짜고 있다.[2] 또한 나물 등 야채를 싫어하는 학생들을 위해 매일 샐러드와 과일을 식단에 반영하고 있다. 4끼 모두 급식을 먹어야 하는 아이들이 식단에 물릴 수 있으므로 '이탈리아음식의 날' 등 이벤트성 식단을 만들어 끼니를 거르거나 편식하는 학생을 줄이려 노력한다. 급식 메뉴는 하나고 웹사이트 (www.hana.hs.kr)에 급식일정이 사진과 함께 모두 게재되고 있어 학

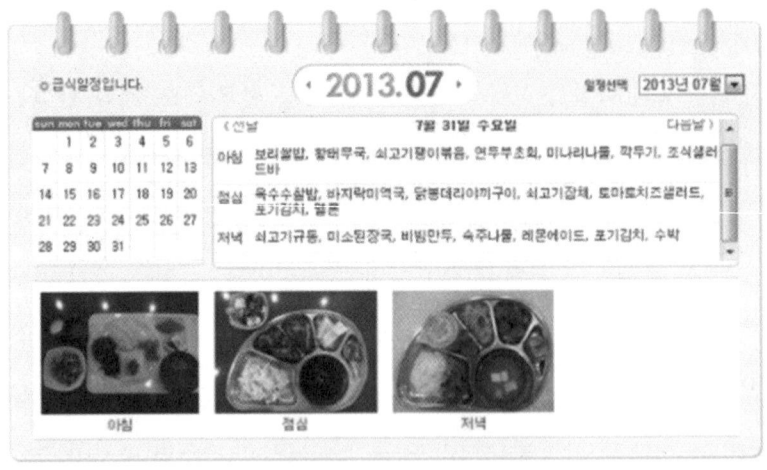

2 〈하나신문〉 중

부모들이 매일 체크할 수 있다. 한편 식당이 있는 건물에는 편의점이 입점해 있어 외부로 나가지 못하는 아이들은 생필품이나 군것질을 이곳에서 해결한다.

기숙사(생활관) 시설은 지하 1층, 지상 8층 건물로 총 156개 호실에 최대 624명이 입주할 수 있다. 각 층에는 생활관 사감교사들이 상주하고 남, 여 멘토가 거주하며 학생들의 생활을 지도한다. 각층 로비에는 냉장고, 정수기가 비치돼 있고 지하층에는 세탁소가 있다. 학생들의 자율 세탁은 6층에 위치한 빨래방에서 할 수 있다. 학생들의 빨래는 현재 용역 업체를 통해 지원하고 있다. 각 방은 4인 1실이며 냉·난방 시설이 갖춰져 있다. 각 방에는 일체형 침대, 옷장 4개, 책상이 비치돼 있고 화장실과 샤워실이 분리돼 있다. 안전 시설로 화재발생 시 연기 및 열감지장치, 스프링클러, 소화전, 소화기 등이 완비돼 있다. 보안을 위해 생활관 정문 및 각 층 현관문에 자동 잠금 장치가 설치돼 있어 출입을 통제한다. 일요일 면회시간을 제외하고 외부인의 출입이 금지되며 학부모 역시 정해진 시간에만 기숙사에 출입할 수 있다. 생활관의 출입구, 복도에는 CCTV가 설치돼 보안성을 높였다.

학습 시설은 교실 30개에 대강의실 3곳, 과학실 4곳, 외국어 회화실, LAB실, 시청각실 등을 갖추고 있다. 학교의 구석구석에는 총 7곳의 미디어 스페이스가 있다. 미디어 스페이스에서 전교생이 노트북을 활용해 인터넷강의 청취 및 과제작성이 가능하다.

또한 1인1석의 면학실이 제공돼 정해진 자습시간 외 자유시간에도 언제든 자기 자리에서 공부를 할 수 있다. 면학실은 교실 외에 학생들이 가장 많이 시간을 보내는 곳이며 남·여가 구분돼 있다. 면학실을 직접 살펴보니 책상 위에는 영어 원서뿐 아니라 일반물리학, 국제정치학, 요하문명론 등 대학 전공 서적도 눈에 띄었다. 그리고 자리마다 자신을 격려하고 목표를 주지시키는 메모들이 벽면에 가득 붙어 있었다.

하나고의 자랑거리 중 하나가 방송실 시설이다. 하나고 방송실은 SBS에서 기자재를 기증하고 스튜디오를 꾸며줬다. 따라서 방송장비는 전문가급 고사양이다. 6mm 2대, 핸디캠 1대를 보유하고 있고 뉴스진행용 프롬프터, 영상을 합성할 수 있는 블루스크린도 있다. 음향은 슈어Shure 제품이다. 방송반은 일주일에 한 번씩 뉴스를 제작해 방송하고 매일 10분 명상 프로그램을 만든다. 또한 방송제작 수업이나 동영상 강의 녹화도 여기서 이뤄진다.

하나아트센터는 학생들의 다양한 문화 창의 활동 무대로 최첨단 시설을 갖추고 있으며 850명을 수용할 수 있다. 수도권에 객석 500~1000석이 있는 중간 규모의 공연장소가 많지 않다. 그래서 학교 행사뿐 아니라 지역 행사도 하나아트센터에서 유치한다. 1인2기 발표회, 국제 심포지엄 등 학교 행사가 열릴 때 조명, 음향, 영상 등 모든 오퍼레이션을 학생 스스로 한다.

기숙사, 교과동, 식당 사이의 가운데는 햇살마당이 있다. 말 그대로 햇살과 나무가 보기 좋은 분수대 옆 마당이다. 이곳에는 하나고의 공연동아리들이 금요일 저녁이나 주말에 수시로 갈고 닦은 기량을 뽐내는 곳이다. 하나고 학생들의 휴식공간으로서 매점에서 산 음료수를 들고 선생님과 학생들이 삼삼오오 모여서 수다를 떠는 모습을 쉽게 볼 수 있다.

하나고 건물들에서 잔디 깔린 운동장을 거쳐 가며 체육관이 위치한다. 국제 규격 핸드볼 경기가 가능한 규모다. 실내에서 하는 모든 종류의 스포츠를 소화할 수 있고, 200석 규모의 관중석이 있다. 유리 천장 덕분에 자연 채광이 좋으며 항상 체육을 하는 학생들이 북적거린다. 학생들의 1인2기 시간이면 배드민턴, 농구, 검도 등의 강습이 이곳에서 이루어진다. 이곳에는 피트니스 센터가 있어 공부하다 지칠 때 밤낮 상관없이 운동할 수 있다. 남녀 샤워시설이 각각 있고 무용실도 갖춰져 있다. 한편 1인2기 활동을 위해 미술실과 음악실 외에 개인연습실 9곳과 미술 보관실 등이 갖춰져 있다.

하나고에 대한 비판

"하나고는 귀족학교다"

하나고가 첫 신입생을 모집하던 2009년 당시, KBS드라마 '꽃보다 남자'가 흥행했다. 부유층이 다니는 명문 사립고를 배경으로 하는 드라마였다. 하나금융그룹이 설립하는 국내 최고의 고등학교를 표방했던 하나고의 홍보는 이 드라마와 오버랩되면서 이때부터 '귀족학교'라는 꼬리표가 붙기 시작했다. 하나고의 현대적인 시설, 그리고 비싼 학비 때문에 '귀족학교', '그들만의 리그' 등의 따가운 사회적 시선이 있는 게 사실이다. 이런 시선에 대해 김승유 하나고 이사장은 다음과 같이 의견을 밝혔다

"1인당 교육비가 많다는 것은 학교가 학생들에게 투입하는 교육비가 많다는 것이고 결과적으로 교육의 수혜가 많다는 것을 의미합니다. 학생과 학부모의 교육비 부담에 대한 이야기를 할 때 1인당 교육비 중에서 학생들의 등록금이 얼마인가가 중요한 것이지요. 학비만으로 하나고를 귀족학교라고 하는 것은 정말 잘못된 생각입니다."

"오히려 저희 학교는 경제적으로 어려운 학생들을 정원의 20%까지 선발해 이들에게 등록금은 물론 기숙사비, 급식비, 방과 후 수업비 등을 지원해 학비 걱정 없이 공부할 수 있도록 하고 있습니다. 사회적 배려 대상자를 정원의 20%까지 선발하는 것은 하나고가 처음이었던 것으로 알고 있습니다."

하나고의 학비를 살펴보면, 하나고 학생 한 명에게 투입되는 교육비는 2753만 원으로 국내 고교 중 최고다. 이 중 하나고 학생이 부담하는 1인당 학비는 한 해 1332만 원이다.[3] 학생이 부담하는 학비를 뺀 나머지 차액 약 1500만 원은 재단에서 지원한다.

학부모 입장에서 한 해 1300만 원은 고등학교 학비로서는 만만치 않은 것은 사실이다. 하지만 부담하는 학비 이상으로 내 아이에게 재단이 투자한다는 점은 양질의 교육을 추구하는 부모로서는 매력적이지 않을 수 없다.

3 2012년 정진후 진보정의당 의원실 발표

학부모 입장에서 부담하는 학비를 보다 세밀히 분석해보자. 사교육이 전면 차단된다는 점과 기숙사비가 포함된다는 점에서 다시 한 번 계산기를 두들겨 볼 필요가 있다. 일반 고등학생 한 명에 한 해 들어가는 돈은 얼마나 될까. 보건복지부는 최근 고등학교 3년 동안에 4720만 원이 들어간다고 발표했다.[4] 국내의 자녀 양육비 계산에는 의식주 비용을 비롯하여 학교 등록금, 학원 과외비를 포함한 포괄적인 비용이 포함된다. 이 중에서 높은 비중을 차지하는 것은 학원 과외비라 할 수 있는데, 대학 진학을 위한 과외 교육의 무한 경쟁이 학부모의 부담을 증가시키고 있다고 할 수 있다. 3년간 4720만 원을 나누면 한 해 1573만 원, 하나고 학비 1300만 원보다 많다. 하나고 학부모는 일부 학비와 일부 부대비용 외에는 추가로 부담해야 할 비용이 크게 없다. 하나고 학비에는 의식주, 일체의 교육비, 여가활동 비용까지 모두 포함돼 있기 때문이다.

다른 식으로 계산해보자. 일반계 공·사립고 수업료는 분기당 36만 2700원, 연간 총액은 145만 원이다. 그리고 서울시 교육청이 조사, 발표한 사교육비 월평균 액수는 56만 원, 한 해면 672만 원이다. 거기에 기숙사 비용(식대, 간식비 포함)을 약 월 50만 원이라고 가정하면 1년 600만 원. 모두 합쳐 일반 고등학생에 한 해 들어가는 비용은 1417만 원(등록금 145만 원+평균 사교육비 672만 원+기숙사비 600만 원)이다. 하나고 1년 학비보다 117만 원 많다. 결론적으로

---

4 보건복지부와 한국보건사회연구원이 2013년 4월 10일 발표한 지난해 '전국 결혼 및 출산동향조사'와 '전국 출산력 및 가족보건복지실태조사' 결과

학부모가 부담하는 비용은 오히려 일반고 학생이 더 크다고 할 수 있는 것이다.

한편, 하나고는 재단의 장학금 제도가 잘 돼 있는 편이다. 그래서 가정형편이 어려운 학생이라도 우수한 성적과 독특한 스토리를 갖고 있느냐가 중요하지 학비 때문에 하나고 진학을 포기하지는 않는다. 정보공시사이트 〈학교 알리미〉에 공개된 학교들의 장학금 지원 규모를 살펴보자.

하나고, 용인외고, 민사고 장학금 내역 비교

학교	구분	장학금					학비지원					합계
		1분기	2분기	3분기	4분기	계	1분기	2분기	3분기	4분기	계	
하나고	인원	127	152	126	153	558	93	93	92	92	370	928
	금액	104,771,293	150,181,443	116,743,093	296,804,893	668,500,722	221,591,905	201,181,754	209,620,104	56,558,305	688,952,068	1,357,452,790
용인외고	인원	21	5	103	100	229	124	124	126	124	498	727
	금액	3,900,000	3,230,000	37,715,000	56,800,000	101,645,000	127,773,860	126,501,960	127,354,200	126,085,200	507,715,220	609,360,220
민사고	인원	34	34	14	14	96	13	13	13	13	52	148
	금액	38,739,600	38,739,600	27,345,600	27,345,600	132,170,400	7,967,700	7,967,700	7,967,700	7,967,700	31,870,800	164,041,200

자료: 정보공시사이트 〈학교 알리미〉, 2012학년도 기준

장학금 및 학비지원 수혜자수(분기별 중복)는 하나고 928명, 용인외고 727명, 민사고 148명으로 나타났다. 지원 금액 역시 하나고가 2012년 한 해 동안 13억5745만2790원으로 가장 많다. 용인외고는 6억936만220원, 민사고는 1억6404만1200원이었다. 학생들은 재

단 장학금 외에도 삼성, SBS, 은평구, 서울특별시 등의 외부 장학금 지원을 받을 수 있다. 2012년 동안 하나고 전교생 609명 중 27%에 달하는 162명에게 장학금 혜택이 제공됐다. 장학금 지원 기준은 학교 명예를 높이거나 학생회 공로를 인정받는 학생에게 제공되는 50만 원 외에는 모두 형편이 어려운 학생에게 지급된다. 건강보험료, 파산신고서 등 어려운 형편을 입증할 수 있는 서류나 담임 추천서가 있으면 장학금 수혜 대상이 될 수 있다.

"하나고 커리큘럼은 대학 선행학습일 뿐"

정치권이 선행학습 금지법으로 대표되는 '공교육 정상화 촉진에 관한 특별법안'을 국회에 상정한 상태다. 법안 발의 후 한참이 지났지만 이 법안의 실효성에 대한 논란은 계속되고 있다. 법안은 초·중·고교의 정규 교육과정 및 방과 후 교육과정에서 선행교육과 선행학습을 유발하는 평가 등을 금지하고 입학 전형을 시행하는 학교는 해당 학교 이전 단계의 교육과정 범위와 수준에서 시행하도록 하며 대학 입학전형에서 시행하는 대학별 교사도 고등학교 교육과정 범위와 수준을 넘는 출제와 평가를 못하도록 하고 있다.

지나친 선행학습으로 인한 학부모의 사교육비 부담과 학생의 학습 부담을 줄이자는 데는 모두 공감한다. 그러나 그 방법이 선행학습 금지법은 아니라는 게 많은 이의 생각이다. 먼저 학생마다 현재의 학습 수준이 다르고 이에 따라 이들이 소화할 수 있는 학습 수준도 차이 날 수밖에 없다. 그런데 학교에서 모든 학생에게 같은 수준의 수업을 제공한다면 상위권 학생은 결국 사교육의 문을 두드릴 수밖에 없다.

스포츠에는 반칙이라는 것이 존재한다. 하지만 공부와 교육의 원칙에 있어 수준별로 교육하는 것을 반칙이라고 할 수 있을까. 학생마다 엄연히 수준 차이가 있고 상위권 학생에게는 그들에게 맞는 영재 교육이 필수적이다. 고교평준화 이래 제한됐던 영재교육이 최근 특목고, 과학고, 자사고를 통해 다시 부활해 가고 있다. 고교 평준화는 결국 학생들의 하향평준화를 낳았다는 비판을 남겼다.

하나고의 시스템은 선택적 커리큘럼, 대학수준 고급과정, 리포트, 토론 수업 등으로 볼 때 대학의 자율성과 수준을 가져 온 것은 맞다. 이를 선행학습으로 싸잡아 매도하기는 무리가 있다는 의견이다. 특히 선행학습을 막자는 취지는 공교육의 정상화의 명분을 근거로 한다. 사교육 영역을 흡수한 하나고는 공교육 정상화 추진에 역행하지 않고 오히려 국내 교육현실에서 돌파구를 마련한 것으로 평가돼야 할 것이다.

"하나금융의 지원이 지속 가능하지 않다"

하나금융은 2010년 설립 당시 출연한 375억 원 규모의 자금과 더불어 매년 25~30억 원 정도씩 운영비를 지원한다. 하나금융은 지금까지 총 845억 원 상당을 하나고에 출연했다. 2012년 기준 하나고의 법인전입금은 27억2088만 원[5]이었다. 하나고의 한 해 예산은 114억7060만 원에 달한다. 따라서 법인전입금이 차지하는 비중은 23.7%정도다.

2012년 말부터 이 법인전입금 때문에 논란이 일었다. 하나금융 계열사인 외환은행이 하나고에 자금 출연을 시도하다 논란이 시작됐다. 이를 계기로 금융계와 금융당국에서는 하나금융의 하나고 출연에 대해 찬반 대립을 거듭하다 결국 은행법을 개정했다.

금융위원회는 2013년 7월2일 시행령에서 금융 계열사의 공익법인 출연을 허가하는 개정안을 통과시켰다. 다만, '단서 조항'을 달았다. 출연은 허가하지만 '출연 목적에 임직원 우대 설정 등 대가성이 있는 경우에는 출연을 금지한다'는 조건을 붙였다. 이에 따르면 하나금융은 임직원 자녀 비율을 폐지하지 않는 한 하나고에 자금 출연을 할 수 없게 된다.

전체 예산의 23.7%를 차지하는 법인 전입금이 불가능하게 되면 하나고 차원에서 타격이 큰 것은 당연하다. 논란 끝에 결국 하나금

---

5 〈2012 하나고등학교 교육계획서〉 중 2012학년도 학교 회계 세입 내역

융은 하나고에 대한 자금지원을 중단하기로 최근 결정했다. '국민 정서법'에 걸려 하나금융이 임직원 특별전형을 폐지하거나 지원금을 중단해야 하는 법적인 딜레마에 봉착한 것은 매우 안타까운 현실이다. 이 문제는 단순히 사립고 하나의 문제가 아니라 '재단'을 통한 사회공헌 활동 활성화에 걸림돌이 될 수 있다.

이번 하나금융의 지원 중단으로 인해 우선 40명의 사회적 배려 대상자들의 타격이 예상된다. 하나금융의 자금 지원이 끊기면 각종 장학금으로 학교생활을 하던 학생들이 큰 난관에 부딪히게 된다. 김승유 하나고 이사장은 "제가 구걸을 해서라도 몇 십억 원 운영경비는 어떻게든 만들어볼 생각이다"라고 기자들에게 심경을 밝힌 것으로 알려졌다.

하나고 측은 "아직 지주회사와 장학금 여부에 대해 공유한 상황은 아니다. 그동안 축적된 수익 재산이 있기 때문에 그렇게 염려할 상황은 아닌 것으로 알고 있다"고 말했다.[6]

임직원 자녀 전형을 하나고에만 금지하는 내용의 은행법 시행령 개정안이 최근 통과돼 형평성 논란이 불거지고 있다. 이 안은 하나고가 하나금융으로부터 자금지원을 받으려면 임직원 자녀 전형을 없앨 것을 주문하고 있다.

포스코가 설립한 포항제철고, 광양제철소, 현대중공업이 세운 현대청운고, 인천공항공사가 설립한 인천하늘고 등도 설립회사의

6 시사저널 2013년 7월 24일자 〈그들만의 리그 '대기업 귀족학교'〉

임직원 자녀 전형이 있다. 하지만 이들 학교에는 교육법이 적용되고 하나고는 설립회사인 하나금융에 금융법을 적용해 비슷한 성격의 학교에 이중 잣대를 적용하는 것이 불합리하다는 지적도 나온다. 학부모들은 "포스코 재단의 포항제철고, 광양제철고와 현대중공업의 현대청운고, 인천공항공사의 인천하늘고도 되는데 왜 하나고만 안 되느냐?"는 반응이다. 몇 학교는 70%까지 임직원 자녀를 선발하는데 하나고는 20%의 학생을 선발할 뿐이다. 금융위원회는 "고객 돈으로 장사하는 금융사 대주주의 사익에 회사가 이용되는 것을 방지하기 위해 일반 기업보다 엄격한 기준이 적용돼야 한다"는 입장을 밝혔다.[7]

임직원 자녀 전형이 있는 고교

학교명	설립주체	임직원 자녀 전형	전체 정원(명)
광양제철고	포스코	269명(70%)	385
포항제철고	포스코	273명(60%)	455
현대청운고	현대중공업	27명(15%)	180
하나고	하나금융그룹	40명(20%)	200
인천하늘고	인천공항공사	100명(45%)	225
은성고(2014 개교)	삼성디스플레이 등 4개사	245명(70%)	350
한민고(2014 개교)	국방부	840명(군자녀 70%)	1200

자료: 각 학교, 한국경제
( )는 전체 정원에서 차지하는 비중, 정원은 1학년 기준

---

7 한국경제 2013년 7월 4일자 〈포철 · 현대청운고는 되고 하나고는 안된다?〉

2008년 서울시가 은평 뉴타운에 자립형 사립고를 유치키로 하고 공모를 거쳐 하나금융을 선정할 당시만 해도 관련법에 따라 임직원 자녀 전형은 당연하다는 공감대가 있었다. 하지만 운영 중간에 갑자기 은행법을 적용하고 단서 조항을 만들어 달아 출자를 막는 것은 납득이 힘들다는 비판이 있다.

"기업들의 사회공헌 활동은 사회를 통해 벌어들인 부를 사회로 다시 환원하는 '경제 생태계'의 한 축이라는 점에서 정부의 공적 부조만큼 중요해지고 있는 것이 전 세계적인 추세다. 하지만 정서법 때문에 사회공헌 활동에 제약을 가한다면 기업들의 활동이 위축될 수밖에 없고 진정성을 잃게 된다."(이데일리 데스크 칼럼 '하나고 특별전형 꼭 없애야 하나' 중)

하나고 교육 시스템을 유지하려면 돈이 많이 든다. 하지만 하나금융의 지원이 없다고 해서 하나고가 당장 문을 닫아야 하는 것은 아니다. 하나고 재단과 학교는 자구책을 모색해서라도 현 교육 시스템을 그대로 유지하겠다는 의지를 보이고 있다. 한편 제도적인 제약에 대해서는 하나금융, 하나고 재단이 타결책을 모색하고 있는 만큼 일단 추이를 지켜봐야 할 것이다.

PART 6

하나고가
우리 사회에
던지는
메시지

하나고 교육실험의 평가

이제까지 살펴본 하나고의 교육 실험은 일단 성공적이라고 평가되고 있다. 하나고는 자율형 사립고의 성공 모델로 자리 잡고 있다. 공교육이 붕괴됐다는 평가를 받는 상황에서 국가 경쟁력의 근간이 될 새로운 형태의 인재를 육성할 수 있다는 가능성을 던졌다. 벌써 대기업들이 주도하는 자율형 사립고들이 대거 개교를 눈앞에 두고 있어 하나고의 사례를 벤치마킹 모델로 삼고 있다.

교육열이 높은 우리나라에서 공교육정상화는 역대 정권의 숙제였다. 공교육의 경쟁력이 약화되면서 나온 부작용이 상당했기 때문이다. 사교육의 팽창으로 '돈이 학력을 대물림한다'는 부의 세습 문제가 제기됐고, 국내 교육시스템에 실망한 교육수요는 조기유학과 해외연수로 빠지면서 인재와 함께 달러가 유출되고 '기러기 아빠' 등 사회문제로 비화되기까지 했다. 그 사이 학교현장은 위축되면서 학교폭력, 교권추락, 최근에는 입시비리까지 다양한 문제들을 양산해왔다. 부유층과 사회주도층이 벌인 외국인학교와 영훈국제중 사태는 공교육의 신뢰도에 상당한 타격을 주었다.

이런 대한민국의 교육 현실 속에 하나고의 교육 실험이 던지는 메시지는 무엇일까. 성공적인 입시 결과로 2013년 동안 하나고는 교육계의 빅이슈로 떠올랐지만 그게 전부일까. 아니다. 하나고의 교육실험은 국내 교육계, 교사, 학생들에게 심오한 메시지를 조용히 던지고 있다.

한국형 참교육 모델이 될 수 있을까

●   2013학년도 첫 입시를 성공적으로 치러낸 하나고의 자체 평가는 그간 새로운 모델에 대한 의구심을 종식시켰다는 데 큰 의의를 두고 있다. 서울대 등 명문대에 몇 명을 합격시켰다는 결과는 대외적으로 인정받고 우수 중학생 인재를 유치하는 데 도움이 될 것으로 본다.

하지만 그것보다는 다른 보람이 있다. 사설 학원에서 밤늦도록 녹초가 되고 대학 갈 때도 사교육업체가 내놓은 대학 배치표에 따라 관심, 적성, 희망은 멀리한 채 끌려가는 일반적인 고교생과 다른 종류의 고교생 모습을 만들어냈다는 것에 큰 자부심을 갖는다. 중, 고교생 때 좋아하는 것을 찾아 경험해보고 진지한 진로 고민을 교사와 나누고 결국 스스로 공부와 나아갈 길을 찾도록 해주는 참교육이 국내에서 가능하다는 것을 입증한 것이다. 모든 것을 공교육 테두리 안에서 해냈다는 것에 대해 하나고는 승전보를 울렸다. 김승유 하나고 이사장은 첫 입시 결과에 대해 다음과 같이 말했다.

"사실 지금의 입시 결과(명문대 합격자수)가 화제가 되는 것이 현재 우리의 인식이라면, 미래 우리의 인식은 교육 내용에 초점이 맞추어졌으면 합니다. 우리가 꿈꾸는 바람직한 학교는 학생들이 자신의 꿈을 키워갈 수 있도록 만들어 주는 곳이어야 된다고 생각합니다. 결과적으로 학업적인 것만을 추구하지 않고 다양한 활동을 통해 전인교육을 하려는 하나고의 다소 실험적인 교육 과정을 각 대학들이 인정한 것이라고 판단돼 매우 긍정적으로 생각합니다. 계속해서 좋은 결과들이 나올 것이라 생각하며, 이러한 것이 저희 학교에 국한되지 않고 우리나라 교육 전반에 걸쳐 많은 변화를 가져올 수 있기를 기대하고 있습니다."

그리고 이어 현행 대입제도에 대해 비판의 의견도 내놓았다.

"대입제도를 어떻게 가져가느냐가 결국 고등학교 교육뿐 아니라 초·중등 교육을 좌우하는 것이라고 생각합니다. 실제로 현재의 교육 환경은 교육의 하나의 가지에 불과한 대학 입시가 학교교육의 뿌리를 흔들고 있는 형상입니다. 학업 성적으로 줄을 세우는 식의 입시제도가 변해야 된다는 지적이 오랫동안 이어져 왔는데, 현재 많은 변화가 일고 있는 것은 매우 다행스런 일입니다. 그러나 학생들을 평가하는 기준을 좀 더 다양

화함으로써 학생들의 독자적인 개성이 표출될 수 있도록 해야 할 것입니다. 창의적인 인재 육성이 우리 교육이 지향하고 있는 것이라면 모든 학생들이 서로 다름을 인정해 주는 것이 필요합니다."

김승유 이사장의 말처럼, 대학 입시가 변해야 고교 교육이 바뀌고 파급력이 초등학교, 중학교까지 전달된다. 그런 점에서 대학의 선두에 있는 서울대의 변화를 주목할 필요가 있다. 서울대 전형이 사교육과의 전쟁을 벌이는 방향으로 진화해 왔다는 평가까지 있을 만큼 서울대 전형변화가 공교육정상화에 상당한 기여를 해왔다. 전체 정원의 83%를 사정관제로 뽑는 서울대 전형은 사교육의 접근이 어려울 수밖에 없다. 그리고 그 변화의 시점은 바로 특기자 전형을 일반전형으로 바꾼 2013학년도부터였다.

　서울대는 수시 100% 입학사정관전형의 틀로 대학 입학사정관제의 구도를 이끌면서 올해도 82.6%까지 수시정원을 확대했다. 지난해 자연계열에 이어 2013학년도 인문계열에서도 수시 일반전형의 수능최저학력기준을 없앴다. 수능의 영향력을 약화시켰다는 것보다 큰 영향은 학생부에 있다. 수능최저학력기준을 없애면서 수능 점수가 아예 없거나 낮은 학생도 서울대에 들어갈 수 있다는 것을 보여줬다. 단지 점수로 지원자를 평가하던 시대를 넘어 지원자의 능력과 잠재성을 보고 선발하는 시대가 온 것이다. 수시일반전형의 구술면접 역시 사교육을 무력화하는 데 한축을 담당했다. 모집단위별로 교수가 직접 진행하는 구술면접은 속성, 족집게 교육을 내세우는 학원체제가 따라잡기 불가능하기 때문이다.

　하나고는 이러한 교육계와 대학의 변화를 일찍부터 읽어냈고 이런 조류를 적극 반영한 독특한 고교 교육시스템을 발굴해냈다. 서울대를 필두로 변화의 파급력이 점점 대학들의 입시 전형에 반영될 것으로 전망된다. 마찬가지로 2013학년도에서 서울대의 변화코드에 가장 큰 수혜를 본 하나고의 시스템은 자율형사립고에 영향력을 미칠 것은 불 보듯 확실하다. 머지않아 일반고까지 하나고 시스템을 참고로 교육체계를 전환하는 작업이 시작될 것으로 보인다. 실제 김진성 하나고 교장은 "2013학년도 입시를 마치고 전국의 각 고등학교에서 하나고 시스템을 견학하고 싶다는 요청이 적지 않다"고 밝혔다.

교사의 열정과 에너지를 불 지펴 살리다

●   일반고에도 실력과 열정을 갖춘 일선의 교사들이 수없이 많다. 이들이야말로 우리나라의 교육제도 아래서 참교육에 대해 가장 많은 고민을 하는 이들이다. '아이들을 한번 제대로 가르쳐보고 싶다'는 교사들의 의지는 강하다. 하지만, 주입식, 문제풀이 위주의 현 교육방식에, 구태의연한 학교당국의 지시에 그리고 부화뇌동하는 학부모들의 벽에 부딪혀 좌절하고 만다. 일개 교사의 힘으로 해낼 수 있는 것은 실제 많지 않다. 임용고시를 치르고 학교로 첫 부임할 때 〈죽은 시인의 사회〉의 키팅 선생님처럼 신념을 가진 교사를 꿈꾸지 않은 이가 어디 있었겠는가.

하나고가 우리 교육계에서 부러움을 사는 이유 중 하나가 교사에 대한 배려와 대우다. 교사가 양질의 교육을 할 수 있는 기본 환경을

조성해줬고 교사의 역량을 최대한 발휘할 수 있는 장을 만들었다. 그리고 성과가 좋은 경우 인센티브로 보람과 실리를 안겨준다.

한 교사의 스토리를 주목할 만하다. 하나고의 국어 과목을 맡고 있는 전경원 선생은 지난 2002년 교편을 처음 잡았다. 기간제 교사였지만 밤 10시가 넘어야 퇴근할 정도로 열정이 넘치는 교사였다. 그는 소속 학교에서 열정과 실력을 인정받았고 2년 후 전임 교사가 됐다. 그는 치열하게 수업을 진행했고 진정성 있게 아이들을 대했다.

하지만 그가 교단에 선 지 6년이 지나 한계를 느꼈다. 그의 열정은 현 교육제도에서 상처받고 지쳤다. 전 교사는 주입식 교육밖에 할 수 없는 자신이 부끄러웠고 문제풀이식 입시 교육이 아닌 본질적인 교육에 대한 갈증에 시달렸다. 교사로서의 역할에 염증을 느끼고 교직을 떠났다.

교육자의 정도를 찾아 헤맨 그는 건국대학교 입학사정관 채용공모에 지원했고 입학사정관 책임연구원에 발탁됐다. 그리고 국내 입학사정관 1세대로서 미국 유수의 대학을 돌며 학생 선발의 철학과 노하우를 국내 대학에 이식하는 역할을 맡았다.

그가 꿈꾸는, 제대로 된 교육을 할 수 있게 손을 내민 곳이 하나고였다. 그는 신생 하나고라면 문제풀이 수업이 아닌 진짜 수업을 할 수 있겠다 생각하고 2009년 하나고에 합류했다. 일반고에서부터 연구해온 통합 독서논술관리 시스템은 하나고에서 꽃을 피웠다. 전 교사는 무엇보다 본질을 추구하는 교육을 할 수 있다는 데 큰 보람과 긍지를 느꼈다.

그는 최근 하나고 수업 외에도 지방의 학부모들 앞에 서고 있다. 입시 정보에 대한 강좌를 하기 위해서였다. 2013년 현재 고3 담임 및 진학 담당을 맡고 있는 전 교사가 보여준 학교생활기록부는 엄마들의 감탄을 자아냈다. 한 학생당 17~18장씩 이어지는 학생생활기록부는 그와 하나고 교사들의 열정이 빼곡히 묻어 있었다.

그는 국어 수업에서 하나고의 주요 수업방식인 토론과 발표를 진행하면서 그의 역량과 열정을 모두 다 토해내고 있다. 또한 하나고에 와서는 진학 담당을 맡으면서 대학 입시 정보 수집과 학생의 데이터베이스 작성에 또 다른 에너지를 쏟아붓고 있다.

'나는 대한민국 교사다'

●   최근 공교육 영역에 있는 교사들의 활약이 돋보이고 있다. 그동안 대입과 고입 정보는 사교육이 주도해온 게 사실이지만 일부 일선고의 교사들이 발품을 팔아 수집한 대입 정보력이 사교육을 앞서기 시작했다. 특히 최정상권인 서울대 수시의 분석에는 공교육 교사들이 상당한 전형자료를 비축 공유하고 있어 사교육업체는 따라오지 못하고 있다.

또한 교사가 3년 동안 학생을 지켜보고 분석하면서 작성한 학생생활기록부를 바탕으로 한 상담과 면접 전략은 몇 번 수업에 수백만 원 받는 사교육 컨설팅업체가 따라 올 수 없는 분야다. 일부지만 공교육이 사교육을 능가하고 있다는 긍정적인 신호인 것이다.

세상의 눈총과 비난을 받으며 교권추락으로 아이와 학부모가 깔

보는, 그러나 그저 교단만 지키고 연금만 바라보는 '철밥통' 교사는 이제 이 시대에서 살아남을 수 없다. 교육 제도와 환경이 변하면 그 다음 타자는 교사다. 실질적으로 아이들과 대면하고 교육을 이끌어가는 교사가 기존 관행적인 교육 방식을 타파해야 학생들이 변하기 시작하고 학부모가 이 변화에 발맞출 수 있다. 공교육시스템이 변하는 데는 수없이 많은 적응시간을 필요로 한다는 숙명을 지닌다. 하나고에서 시작된 교육 개혁이 대한민국의 42만 명[1] 초·중·고의 교사의 가슴에 다시 열정의 불을 지필 수 있기를 기대해 본다.

1 2012년 〈교육기본통계〉 교육과학기술부

인생은 만들어지는 것이 아닌 만드는 것이다

●   "선생님께서는 돈을 벌고 출세를 하기 위해서 공부하는 건 의미 없다고 가르쳐 주셨습니다. 그럼, 공부는 왜 해야 하는 건가요?"

"공부는 해야 하는 게 아니야. 공부는 하게 되는 거야. 공부는, 모든 인간이 가진 세상에 대한 순수한 호기심을 하나씩 풀어나가는 과정이야. 그러니 좋은 대학, 좋은 직장이 공부의 목적일 수 없어."

최근 방영된 MBC드라마 '여왕의 교실'에서 나온 대사다. 공부의 목적을 '대학 가기 위해', '좋은 직장을 얻기 위해', '부모님 기대에 실망시키지 않기 위해'라고 말하는 아이들을 향해 굳은 신념의 교사가 던지는 촌철살인 같은 대사다.

276

2013년 현재, 대한민국 학교는 전쟁 중이다. 일부 학교를 제외하고는 대부분의 많은 학교에서 한숨소리만 난무한다. 아이들은 아이들대로 한숨이고, 학교는 학교대로 못해먹겠다고 한숨이다. 아이들은 기성세대의 사고와 행동을 낡은 유물처럼 취급해 버린다. 부모와 선생님이 시키는 대로 발 맞춰 따라가고 있기는 하지만 과연 이 길이 옳은 건지 나에게 맞는 건지는 알지도 못하고 알려고 하지도 않는다.

생각해보면 '자기주도학습'이란 말 자체가 불편하고 우스꽝스럽다. 하나의 인간으로 가진 호기심을 발휘해 이 세상을 알아가고 자신의 인생을 위해 실력을 쌓는 과정을 누가 해줄 수 있다는 것인가. 당연히 스스로 헤쳐 나가야 하는 과정이다. 태초부터 공부는 나 아니면 누구도 해줄 수 없다. 다만 옆에서 공부할 환경을 만들어주고 방향을 이끌어주고 도와줄 수는 있다.

이제까지 억지로 해야만 했던 공부가 '재미있어서', '미친 듯이 해보고 싶어서', 그리고 '어디까지가 끝인가를 알고 싶어서' 했다는 이야기를 하나고 아이들을 통해 들었다. 다른 누가 강요하고 시켜서가 아니라 자신의 지적 만족감을 위해 했다는 것이다. 하나고 아이들도 이제까지 시켜서 하는 공부를 하며 자라왔다. 하지만 하나고에서 뷔페처럼 차려진 지적 메뉴를 하나씩 골라 먹어보고 맛있는 것은 점점 더 많이 먹으며 지성의 양분을 스펀지처럼 흡수했다. 딱히 공부만이 아니었다. 하나고 아이들은 하나고의 여러 활동 경험을 통해 다양한 꿈을 파생시켰다. 영화감독이 되겠다는 아이, 스포츠 에이전시를 차리겠다는 아이, 코미디언이 되겠다는 아이, 무대연출가가 되겠다는 아이, 국제기구에서 활약하겠다는 아이, 사회적 기업을 꾸리겠다는 아이, 밴드로 한류를 일으키겠다는 아이 등 수없이 많은 꿈이 하나고 캠퍼스 내에서 만들어졌고 이미 싹을 틔웠다.

우리 사회는 다음 세대인 청소년들을 과소평가하고 있는 듯하다. 이들의 두뇌와 정보 처리 능력은 기존 세대보다 훨씬 우월하다. 일례로 손 안의 휴대폰 스크린으로 세계 각지의 다양한 정보를 수집해 오기도 한다. 어느 세대보다도 국제 경험을 많이 갖고 있고 외국어 구사도 어릴 때부터 교육받아왔다. 그렇지만 아직도 기존의 획일적이고 평준화된 구세대 주입식 교육이 교육 현장에서 이뤄지고 있는 것이 현실이다. 21세기 청소년 세대에게는 적합한 교육 방법이 따로 있을 것이다.

이들에게 맞는 교육으로 재정비할 때다. 키보드만 두드리면 수없이 나오는 정보들을 굳이 암기시키고 틀린 답 가운데 맞는 것을 고르는 훈련을 시킬 필요가 없다. 파도와 같이 수없이 밀려드는 정보를 취합하고 분류해 창의적으로 이용하는 방법을 훈련할 필요가 있다. 창의력과 글로벌 감각은 최근 21세기 글로벌 인재에게 가장 요구되는 항목이다. 김진성 하나고 교장은 창의성 교육에 대해 이렇게 생각한다.

"무언가 다른 생각을 하는 것이 창의성이다. 수능 중심으로 똑같은 것을 배우고 반복해서 문제 푸는 교육으로 창의적 인재를 만들 수 없다. 시험 보는 기계만 만들어낼 뿐이다. 그런 것은 우리가 할 일이 아니다. 시험 준비를 해주는 사교육이 하는 일이고 그래서 이제까지 사교육이 성행했다."

"2013학년도 입시를 치르고 각 대학으로부터 면접에 대한 피드백을 수집했다. 하나고 아이들은 말을 잘한다는 평가를 받았다. 어떤 상황이 주어져도 유연하게 상황에 따라 생각을 종합해 논리정연하게 표현했다는 것이다. 이런 능력은 단순히 외워서 할 수 없는 것이다. 하나고 3년 동안 많은 생각을 해왔고 꿈을 꿔왔다. 끊임없이 '왜'란 질문을 던져 사고 능력을 키워 왔다. 그리고 다들 소신 있게 대학과 전공을 지원했다. 그래서 하나고 아이들은 원하는 것을 성취한 아이들이 많다."

이제 초 · 중 · 고교 교육의 무게가 꿈을 찾을 수 있도록 아이들을 돕는 쪽으로 실려야 한다. 하나고 아이들은 입학식 때 나무 묘목을 선물 받는다. 여기에 자신의 꿈을 적어 하나고 교정에 심는다. 묘목은 메타세쿼이아다. 메타세쿼이아는 상당히 크게 자라고 오랜 세월 자라는 품종으로 알려져 있다. 이 나무들이 튼튼하고 큰 나무로 성장해 갈수록, 하나고가 만들어낸 다른 개념의 인재들도 사회에 쏟아져 나올 것이다. 그때는 하나고의 교육 실험이 어떠한 신인류를 만들었고 글로벌 단위로 어떤 활약을 하느냐에 따라 하나고에 대한 제대로 된 평가가 이뤄질 것이다.

"나는 3년 전보다 사회에 한 발자국 더 가까워졌고, 작은 세상을 벗어나 어린 티를 한 겹 벗어 내고 변화했다. 내가 보는 세상은 더 넓어졌고, 보이는 색도 훨씬 다채로워졌다. 힘들고, 아프고, 보람차고, 기뻤던 만큼 내가 겪었던 다양한 색들을 내 안에 더 담을 수 있게 된 거라 생각한다."(하나고 1기 졸업생 윤혜린)[2]

---

2 〈하나고 1기 우리들의 이야기〉 중